QU'EST-CE QUE L'ANALYSE ?

COMITÉ ÉDITORIAL

CHEMINS PHILOSOPHIQUES

Collection dirigée par Roger POUIVET

Sandra LAPOINTE

QU'EST-CE QUE L'ANALYSE ?

Paris

LIBRAIRIE PHILOSOPHIQUE J. VRIN

6, place de la Sorbonne, V[e]

2008

© *Librairie Philosophique J. VRIN,* 2008

Imprimé en France

ISSN 1762-7184

ISBN 978-2-7116-1877-4

www.vrin.fr

QU'EST-CE QUE L'ANALYSE ?

On s'entend en général pour dire que la philosophie dite « analytique » constitue l'une des traditions philosophiques les plus importantes du XXe siècle. Elle aurait ses origines dans les travaux de Bolzano, Frege, Russell et Wittgenstein, entre autres, et serait pratiquée principalement dans le monde anglophone, en Amérique, en Grande-Bretagne et en Australie. Rares sont les taxonomies philosophico-historiques qui font consensus et l'idée d'une tradition analytique en philosophie soulève plusieurs questions. Par exemple, l'idée que l'unité de cette tradition soit en partie géographique bien qu'elle ait pu être justifiée à une autre époque – mais cela n'est pas clair non plus – est certainement aujourd'hui entièrement fausse puisque sa pratique est répandue à travers le monde. L'intérêt croissant pour l'histoire de la philosophie analytique depuis quelques décennies a su exacerber la controverse, et une explication de ce en quoi consiste la philosophie analytique et de ce qui fait son unité semble désormais incontournable. Pour l'historien de la philosophie analytique, en particulier, cette question n'est nullement triviale. De quoi, donc, au juste, fait-on l'histoire ? Avec qui la philosophie analytique commence-t-elle ? Quelles sont les méthodes ou problèmes

communs aux philosophes analytiques à travers les époques,
s'il y en a ?

Parmi les réponses qui sont disponibles dans la littérature,
on retrouve l'idée que ce qui caractérise la philosophie analytique est sa préoccupation (exclusive ou partielle, il n'y a pas
là-dessus consensus) pour « l'analyse » ou, plus précisément,
pour l'analyse conceptuelle ou logique. Cette thèse semble
apporter une réponse naturelle à la question. Comme nous le
verrons dans ce qui suit, elle est aussi largement correcte.
Qu'est-ce que l'analyse ? La réponse à cette question n'a, pour
sa part, rien d'évident ou de naturel. L'analyse conceptuelle
ou logique est une pratique proprement philosophique qui n'a
pas d'équivalent dans la vie de tous les jours, ce qui n'exclut
toutefois pas qu'on y ait recours dans les situations et les
disciplines les plus diverses.

Les explications de ce en quoi consiste l'analyse
conceptuelle sont en général intimement liées à une notion
que l'on doit à Emmanuel Kant : la notion d'analyticité.
Selon Kant une vérité comme :

(K) Tout corps est étendu

est « analytique » au sens suivant : elle est *vraie en vertu de
l'analyse des termes qu'elle contient*[1]. Nous dirons dans ce
qui suit que ce sont des « termes » contenus dans les « propositions » dont on fait l'analyse – ou plus simplement qu'on
analyse les propositions. La terminologie varie toutefois de
manière significative d'un auteur à l'autre. Par exemple,

---

1. I. Kant, *Critique de la raison pure*, B10-11. Nous suivons ici, comme
la plupart des éditions et des traductions récentes, la pagination de l'édition
de l'Académie. Les traductions sont ici celles de l'auteure (il existe plusieurs
traductions en français de la *Critique de la raison pure* ; celle d'A. Renaut,
Paris, Flammarion, 2001, est la plus récente).

certains auteurs préfèrent parler de l'analyse des concepts contenus dans des jugements, de l'analyse du contenu des croyances ou de l'analyse des mots ou expressions contenus dans les énoncés. Par ailleurs, dans la littérature contemporaine, le terme « proposition » est lui-même souvent utilisé pour signifier des entités abstraites différentes des croyances et des énoncés, bien qu'on suppose l'existence de relations déterminantes entre ces derniers. Ces distinctions ne sont pas sans importance. Tandis que les jugements et les croyances sont considérés être des types d'états psychologiques ou cognitifs, les énoncés sont des objets linguistiques. Dans ce qui suit, nous parlerons de propositions et de termes dans un sens très large qui laisse ouverte la question de savoir si les objets de l'analyse en philosophie sont des entités psychologiques, linguistiques ou abstraites. De cette manière, nous serons en mesure de comparer sans trop de lourdeur plusieurs points de vue qui divergent sur la question de la nature de ce dont on fait l'analyse.

D'une manière générale, bien qu'ils rejettent la définition kantienne en tant que telle, les fondateurs de la philosophie analytique s'accordent pour dire que la notion d'analyticité constitue une innovation importante et digne d'être conservée [1]. En particulier, l'un des grands espoirs des philosophes analytiques de la première heure, Frege et Russell, par exemple, était

---

1. Il existe un débat sur la question de savoir si l'analyticité est véritablement une trouvaille kantienne ou si elle ne devrait pas plutôt être attribués à Leibniz qui oppose les « vérités de raisons » aux « vérités de faits » (et qui introduit aussi l'idée de mondes possibles qui sous-tend certaines définitions plus contemporaines). Il existe dans tous les cas une filiation entre les notions kantienne et leibnizienne. On peut voir dans la distinction humienne entre *truths of reasons* et *matters of fact* une parenté similaire. *Cf.* J. Proust, *Question de forme*, Paris, Fayard, 1986, p. 43 *sq.*

de pouvoir expliquer le caractère nécessaire des vérités de l'arithmétique sur la base de l'idée qu'elles sont toutes analytiques – ce qui est toutefois aujourd'hui largement controversé. Pour cette raison, ils considéraient que la tâche du philosophe consiste en grande partie dans l'analyse conceptuelle et logique. Pour d'autres comme Carnap et les positivistes – on dit aussi parfois « empiristes » – logiques, la pratique de l'analyse en philosophie s'avère d'autant plus importante qu'ils considèrent les vérités philosophiques comme étant elles-mêmes toutes analytiques. Carnap prétendait que la tâche du philosophe s'épuise entièrement dans la pratique de l'analyse. D'une manière générale, on peut dire que les philosophes analytiques du début du XXe siècle partagent les convictions suivantes : 1) il existe une distinction entre les vérités qui peuvent être dites « nécessaires » et celles qui ne le sont pas, 2) les vérités de la première espèce présentent un intérêt épistémologique particulier, 3) ce qui explique le caractère nécessaire de ces vérités, ou au moins d'une grande partie d'entre elles, est leur *statut sémantique spécial, à savoir le fait d'être analytiques* et, par conséquent, 4) l'une des tâches du philosophe consiste à fournir une théorie de ce qui distingue les propositions analytiques de celles qui ne le sont pas.

À la lumière de ce qui précède, il semble difficile de répondre à la question de savoir ce qu'est l'analyse sans traiter en détail de la nature de l'analyticité. C'est donc d'abord sur cette notion que nous porterons notre attention. La notion d'analyticité, malgré sa courte histoire, a non seulement connu une série impressionnante de redéfinitions substantielles mais, au milieu du XXe siècle, elle a fait l'objet d'une attaque qui visait à la discréditer entièrement. Dans son célèbre article

« Deux dogmes de l'empirisme »[1] Willard van Orman Quine se prononce avec un aplomb tel contre la distinction entre propositions analytiques et synthétiques que plusieurs ont cru, néanmoins à tort, qu'ils devaient l'abandonner définitivement. Analyse et analyticité sont dans tous les cas deux notions philosophiques qui peuvent difficilement être traitées sans égard à leur histoire. Comment ces notions évoluent-elles de Kant à Bolzano, puis à Frege et au-delà ? En l'occurrence, la comparaison entre Kant et Bolzano s'avère particulièrement opportune. Elle permet, d'une part, de souligner le lien étroit entre analyse et analyticité : en rejetant la conception décompositionnelle de l'analyse à laquelle Kant adhère, Bolzano sera forcé de redéfinir de manière radicale la notion d'analyticité. Elle est opportune, d'autre part, car bien qu'il s'agisse d'un auteur peu connu, Bolzano est un auteur important dont le discernement en logique et en mathématique l'a conduit à anticiper, au début du XIXᵉ siècle, un nombre impressionnant de théories qui seront cruciales au XXᵉ siècle et aujourd'hui encore. Nous consacrons le commentaire de la seconde partie de ce petit ouvrage à la discussion des passages pertinents chez ces deux auteurs.

L'HÉRITAGE KANTIEN ET LES DÉFINITIONS CONTEMPORAINES DE L'ANALYTICITÉ

On explique souvent l'analyse conceptuelle par analogie avec l'analyse chimique : analyser un terme c'est le décom-

---

1. W. V. Quine, « Two Dogmas of Empiricism », dans *From a Logical Point of View*, Cambridge (Mass.), Harvard UP, 1953-1980 ; trad. fr. S. Laugier (dir.), « Deux dogmes de l'empirisme », dans *Du point de vue logique*, Paris, Vrin, 2003, p. 49-82. Dans ce qui suit, nous renvoyons à la pagination de l'édition française.

poser ou le résoudre en ses parties simples. D'une manière ou d'une autre, les explications de cette espèce renvoient à l'une des doctrines philosophiques les plus célèbres et les plus influentes de toute l'histoire de la philosophie : la distinction que Kant établit dans l'introduction à la *Critique de la raison pure* entre vérités analytiques et synthétiques. Parmi les vérités, certaines, selon Kant, sont vraies en vertu de l'analyse ou décomposition des concepts qu'elles contiennent. Il nomme ce type de vérités « analytiques » :

> (K1) Les jugements analytiques (affirmatifs) sont donc ceux dans lesquels la connexion du prédicat avec le sujet est pensée avec identité. [...] Les premiers n'ajoutent rien, par le prédicat, au concept du sujet mais, par la seule décomposition, le brise dans ses parties qui étaient déjà pensées en lui-même (de manière confuse). [...] je dois seulement décomposer ce concept, c'est-à-dire prendre conscience du divers que je pense à chaque fois en lui pour rencontrer en lui ce prédicat [1].

Selon Kant, une fois qu'on a analysé, c'est-à-dire suivant sa conception de l'analyse « décomposé en leurs parties simples » les concepts que contient un jugement analytique on constate que dans ce jugement le concept auquel renvoie le prédicat est « inclus » dans le concept auquel renvoie le sujet. Comme nous le verrons dans le commentaire – et bien que Kant lui-même ne soit pas toujours clair à cet égard – la notion kantienne d'analyticité découle d'une conception précise de ce qu'implique la *décomposition* d'un concept et, réciproquement, de ce en quoi consiste les relations d'*inclusion* entre concepts. La plupart des auteurs qui se sont penchés sur la question de l'analyticité sont néanmoins d'avis que l'idée selon laquelle des concepts peuvent être inclus dans d'autres

---

1. Kant, *Critique de la raison pure*, B10s.

concepts et peuvent être décomposés demeure métaphorique ou vague ou dans tous les cas inadéquate. Par exemple, on oppose à la définition kantienne que dans la mesure où cette dernière repose entièrement sur l'idée d'une relation d'inclusion *entre le sujet et le prédicat*, elle semble avoir été taillée exclusivement pour les propositions de la forme « sujet-verbe-prédicat » – les propositions catégoriques – et, en particulier, si on se fie aux exemples de Kant, aux propositions catégoriques affirmatives et universelles comme la proposition (K) donnée en exemple plus haut. Kant prétend certes dans le passage cité que sa définition peut être étendue aux propositions négatives mais il n'explique pas comment. À cet égard, les critiques de Kant soutiennent, et on doit leur donner raison, qu'une définition satisfaisante de l'analyticité doit dans tous les cas pouvoir nous permettre d'identifier les propositions analytiques non seulement parmi celles qui sont catégoriques mais parmi tous les types de propositions : existentielles, disjonctives, hypothétiques, conjonctives, etc. D'une manière générale, les définitions de l'analyticité dans la littérature contemporaine se présentent comme des améliorations ou systématisations de l'idée kantienne.

La formulation kantienne de la notion d'analyticité en termes d'inclusion conceptuelle (K1) implique que le caractère remarquable des propositions dites analytiques est redevable à certaines propriétés ou caractéristiques des concepts ou termes qu'elles contiennent, en l'occurrence leur composition. On retrouve, dans la littérature, des réinterprétations de la notion kantienne selon lesquelles la spécificité des propositions analytiques tient à certaines propriétés des termes qu'elles contiennent et que l'analyse nous permet de découvrir. On dit que les propriétés des termes et des propositions auxquelles s'intéressent les procédures analytiques sont leurs propriétés « sémantiques », par contraste, par exemple, avec leurs propriétés purement lexicales, comme le fait d'être formés de cinq lettres ou de deux syllabes, par exemple. On s'intéresse, en particulier, à leur « définition » et/ou à leur « signification ». Parmi les interprétations de ce type on retrouve, par exemple :

> a) Une vérité est analytique si elle est vraie en vertu de la *définition* des symboles qu'elle contient [1].
> b) Une vérité est analytique si elle est vraie en vertu de la *signification* des termes qu'elle contient [2].

Dans la première *Critique*, Kant propose toutefois une autre manière de caractériser l'analyticité. Selon cette dernière :

> (K2) Si un jugement est analytique […] alors sa vérité doit à chaque fois pouvoir être reconnue de manière suffisante d'après le principe de contradiction [3].

(K2) fait dépendre l'analyticité d'une loi logique, à savoir de la loi logique de non-contradiction. Il est important de noter, et nous y reviendrons dans le commentaire, qu'étant donné la conception décompositionnelle de l'analyse conceptuelle qui sous-tend la théorie kantienne, (K1) et (K2) sont, dans sa théorie, parfaitement équivalentes : seule une proposition dont le prédicat est inclus dans le sujet au sens de Kant peut aussi être dérivée du principe de contradiction au sens où Kant l'entend ici, et réciproquement. Cette équivalence n'est

---

1. *Cf.* A.J. Ayer. *Language, Truth, and Logic*, New York, Dover Publications, 1952.

2. C.I. Lewis est mieux connu pour avoir proposé une définition de l'analyticité en termes de vérité dans tous les mondes possibles. Nous ne discuterons pas cette définition qui repose sur un appareil conceptuel fort élaboré mais nous renvoyons plutôt à l'article « The Modes of Meaning » (« Les modes du sens »), *Philosophy and Phenomenological Research*, 4/2, 1943, p. 236-250.

3. Kant, *Critique de la raison pure*, B190.

toutefois pas manifeste et, sortie de son contexte, elle peut facilement être escamotée. Pour cette raison, la seconde formulation (K2) a pu, à son tour, entraîner une série d'interprétations d'un autre type. Ces interprétations ont en commun qu'elles supposent que ce qui fait qu'une proposition est analytique sont au moins en partie certaines de ses propriétés structurales ou formelles et/ou certaines des relations logiques qu'elle entretient avec d'autres propositions (elles aussi analytiques). Nous pensons ici aux interprétations selon lesquelles les propositions analytiques sont dites vraies en vertu de leur forme logique ou des lois logiques ou, simplement, de la logique. Parmi ces interprétations on retrouve, par exemple, les suivantes :

c) Une vérité est analytique en vertu de sa forme logique [1].

d) Une vérité est analytique si elle est vraie en vertu des conventions (logiques et) linguistiques [2].

e) Une vérité est analytique s'il s'agit d'une loi logique ou si elle est la conséquence logique des lois logiques et des définitions [3].

f) Une vérité est analytique s'il s'agit d'une vérité logique ou si elle peut être transformée en une vérité logique par substitution de synonymes [4].

g) Une vérité est analytique si elle est vraie en vertu des définitions et de sa forme logique [5].

---

1. *Cf.* M. Schlick, « Le tournant de la philosophie », trad. fr. D. Chapuis-Schmitz dans S. Laugier et P. Wagner (dir.), *Philosophie des sciences*, vol. 1, Paris, Vrin, 2004.

2. *Cf.* R. Carnap, *Meaning and Necessity*, Chicago, University of Chicago Press, 1947.

3. *Cf.* G. Frege, *Les fondements de l'arithmétique*, trad. fr. Cl. Imbert, Paris, Seuil, 1969.

4. *Cf.* Quine, « Deux dogmes … », *op. cit.*

5. *Cf.* R. Carnap, *Logische Syntax der Sprache*, Vienne, Springer, 1934.

Ces définitions ne sont pas toutes parfaitement équivalentes et ce serait une tâche trop vaste d'entreprendre ici d'expliquer en détail ce qui fait la spécificité de chacune. Il est aussi important de noter que chacune de ces définitions soulève à son tour une série de questions absolument centrales comme par exemple celle de savoir sous quelles conditions on peut dire que deux termes ont une signification identique ou quels sont les critères d'une bonne définition. Ce qui importe ici est la chose suivante : implicitement ou explicitement, toutes les définitions précédentes peuvent être ramenées à l'idée que les vérités analytiques sont vraies en vertu de la seule signification des termes qu'elles contiennent. Voyons cela en détail.

VRAI EN VERTU DE LA SIGNIFICATION

Il y a, de toute évidence, une connexion intrinsèque entre la vérité d'une proposition et la signification des termes qu'elle contient. Une proposition (vraie ou fausse) renferme toujours, implicitement ou explicitement, deux types de termes : les termes *référentiels* comme « neurologiste », « célibataires » et « Cicéron » et les termes *logiques* comme « est » (au sens de l'identité ou de la prédication), « ou », « non » (au sens de la négation), « et » ou encore « si …, alors… ». D'une manière générale, on s'entend pour dire qu'une bonne définition est toujours en mesure de nous donner la signification d'un terme. Or, il existe, en ce sens, plusieurs types de définitions et il faut dans tous les cas distinguer entre définition *explicite* et définition *implicite* (ou contextuelle). Dans les deux cas, la définition a pour but de nous amener à « saisir » la signification du terme défini, mais les moyens qui sont mobilisés à cet effet sont foncièrement différents. La définition explicite, d'une part, donne l'équivalent exact du terme défini. En ce sens,

« homme adulte non marié » est une définition explicite de « célibataire », « médecin spécialiste du système nerveux » une définition explicite de « neurologiste ». Une définition implicite ou contextuelle, pour sa part, est une expression complexe dans laquelle le terme à définir est enchâssé et qui fournit un exemple de la manière dont il peut être employé correctement ou, ce qui revient au même, des « contextes propositionnels » dans lesquels son usage est juste. Un même terme a donc en principe une nombre indéfini de définitions implicites possibles. « 3 est plus grand que 2 » et « n+1 est plus grand que n » sont deux des innombrables définitions contextuelles possibles du concept « plus grand que », par exemple [1]. Une définition contextuelle classique de « non » (la particule logique qu'on utilise pour signifier la négation) pourrait être la suivante : « non-p est vraie si et seulement si p est fausse et non-p est fausse si et seulement si p est vraie ». En logique, les définitions implicites jouent un rôle important : les axiomes et les postulats sont généralement compris comme des définitions de ce genre.

Il est clair que lorsque Kant parle de la décomposition ou de l'analyse des termes, il a en tête un type de définition *explicite* : la décomposition d'un terme, chez Kant, a invariablement pour but de fournir un équivalent exact du terme défini puisqu'il s'agit en fait de « briser [le concept] dans ses parties qui étaient déjà pensées en lui-même (de manière confuse) » [2]. Or, précisément, ce que Kant, contrairement à ses

1. Il existe d'autres types de définitions, par exemple, les définitions ostensives comme « Ceci est une chaise » en désignant une chaise et les définition stipulatives dont nous reparlerons dans l'avant-dernière section. Mais ces dernières ne sont pas directement pertinentes ici et nous n'en discuterons donc pas.

2. Kant, *Critique de la raison pure*, B11.

successeurs analytiques, n'a pas vu, ou du moins ce qu'il n'a jamais porté à l'attention de ses lecteurs est que l'analyticité d'une proposition comme « Aucun célibataire n'est marié » (l'exemple n'est pas de Kant) dépend au moins autant de la signification du terme logique quantificationnel indiquant la généralité « aucun » – lequel introduit aussi une négation – et de la copule « est » que de la signification des termes référentiels « célibataire » et « marié ». Cet aveuglement face au rôle des composantes logiques ou formelles s'explique en partie par le fait que Kant, s'il avait eu à se prononcer, aurait sans doute soutenu que les termes logiques comme « est » (la copule dans un jugement de la forme « sujet-est-prédicat ») sont simples au sens où ils ne sont justement pas susceptibles d'être décomposés et que, pour cette raison, ils ne peuvent être définis du tout : Kant n'avait pas à sa disposition la notion de définition implicite qui ne verra le jour qu'au XIXe siècle. Dans tous les cas, on peut dire que Kant a bien vu que seuls les termes référentiels sont susceptibles d'être définis explicitement, pas les termes logiques comme « être », « non » « ou », « et » ou encore « si…, alors… », etc. À cet égard, on se doit de noter que les définitions de l'analyticité qu'on retrouve chez les philosophes analytiques sont d'une manière générale le résultat d'une tentative d'étendre l'idée kantienne qu'une proposition analytique est vraie en vertu des termes qu'elle contient aux termes logiques [1]. Pour la plupart des philosophes contemporains, il est indispensable de fournir une explication satisfaisante de ce en quoi consiste la signification ou définition des termes logiques, car c'est sur eux que repose ultimement l'analyticité. Quine, par exemple, bien qu'il cherche à

---

1. À ce sujet, on consultera A. Coffa, *The semantic tradition from Kant to Carnap*, Cambridge, Cambridge UP, 1991, p. 11 *sq.*

rejeter la distinction entre propositions analytiques et synthétiques en tant qu'elle est inadéquate, considère que les vérités
analytiques doivent être comprises comme des « vérités
logiques » au sens où elles sont vraies en vertu de la seule
signification des termes logiques qu'elles contiennent[1]. Nous
reviendrons en détail sur la notion de vérité logique dans la
section intitulée « L'analyse de la forme d'une proposition et
la notion de vérité logique ».

QUEL INTÉRÊT ?

Le foisonnement de définitions de l'analyticité – et la liste
(a)-(g) ne fait état que des définitions les plus connues et n'est
nullement complète – pourra laisser certains perplexes. Cela
soulève au moins une question : est-il possible de définir
l'analyticité ? Bien qu'il ne soit pas déraisonnable de croire
que les différentes tentatives de définir l'analyticité visent
à donner chair au même concept, il reste que deux siècles
d'efforts n'ont su mener à la découverte d'une définition
pleinement satisfaisante. Par ailleurs, on pourrait croire que la
critique de Quine que nous avons évoquée plus haut et sur
laquelle nous reviendrons dans l'avant dernière section remet
entièrement en cause la légitimité même d'une distinction
entre les vérités analytiques et celles qui ne le sont pas. La
notion d'analyticité présente-t-elle vraiment un intérêt pour le
philosophe contemporain ? L'histoire n'a-t-elle pas montré
qu'il s'agit, pour ainsi dire, d'un cul-de-sac conceptuel ?

On peut répondre à cette préoccupation en insistant sur le
fait déjà mentionné que les définitions (a)-(g) ont toutes pour
but de rendre compte d'une seule et même intuition philo-

---

1. Quine, « Deux dogmes … », *op. cit.*, p. 52 *sq.*

sophique absolument capitale. Les définitions (a)-(g) visent
à rendre compte du caractère remarquable des « tautologies »
de la logique traditionnelle comme, par exemple, « Rien n'est
à la fois noir et non-noir » ou des vérités que nous appellerons « conceptuelles » comme les suivantes, dont nous nous
servirons systématiquement dans ce qui suit :

1) Tous les médecins spécialistes du système nerveux sont
médecins.

2) Tous les neurologistes sont médecins.

3) Aucun célibataire n'est marié.

4) Si Antoine a fait assassiner Cicéron, alors Cicéron est mort.

Le caractère remarquable des vérités (1)-(4) se montre plus
clairement lorsqu'on compare ces dernières, par exemple,
avec les propositions (vraies) suivantes :

5) Certains médecins sont neurologistes.

6) Certains neurologistes ne sont pas mariés.

7) Plusieurs célibataires sont neurologistes.

8) Si Antoine a fait assassiner Cicéron, alors Tulle est mort.

Pour le formuler d'une manière provisoire et non technique, ce qu'ont en commun les vérités (1)-(4) par contraste aux
vérités (5)-(8) et ce qui les rend effectivement remarquables
consiste en ceci que quiconque les comprend ne peut raisonna-
blement – voire rationnellement – douter de leur vérité. Il
semble, en d'autres termes que contrairement à celle des
propositions (5)-(8) la vérité des propositions (1)-(4) soit, pour
ainsi dire, « nécessaire » ou « certaine ». Formulée dans ces
termes, l'idée qui sous-tend la distinction entre les vérités
(1)-(4) et (5)-(8) reste toutefois ambiguë et confuse, et les définitions (a)-(g) ont précisément pour but d'en donner une explication systématique et satisfaisante d'un point de vue philosophique. En d'autres termes, le but d'une théorie adéquate de
l'analyticité est de fournir une explication de ce qui fait la

particularité des propositions comme (1)-(4). Qu'est-ce qui explique que quiconque reconnaît que la proposition (2), par exemple, est vraie est aussi forcé de reconnaître qu'elle n'aurait pas pu être fausse et que sa négation serait, en quelque sorte, une absurdité ? Il semble qu'on apporte une réponse substantielle et informative (bien qu'elle génère d'autres questions toute aussi substantielles) lorsqu'on dit, par exemple que (2) ne peut pas être fausse puisque « être médecin » fait partie de la définition de « être neurologiste » ou encore, que « médecin » fait partie de la signification de « neurologiste », ou d'une manière plus générale que (2) est vraie en vertu de la signification des termes qu'elle contient. De la même manière, il n'est pas trivial de dire que quiconque reconnaît la vérité de (1) ne peut en douter parce que nier (1) reviendrait à nier une instance d'une proposition vraie en vertu de sa seule forme logique ou qu'on peut dériver une contradiction explicite de la négation de (1) ou, plus généralement, que cette proposition est vraie en vertu des lois de la logique. « Vrai en vertu de la signification des termes » et « vrai en vertu des lois logiques » sont deux types classiques et non exclusifs de réponses à la question de savoir ce en quoi consiste la particularité d'énoncés comme (1)-(4).

Les définitions de types e, f et g ont la particularité d'établir un critère clairement disjonctif d'analyticité. Formulé de manière générale, ce critère est le suivant : une vérité est analytique si et seulement si, 1) soit elle est une loi logique, 2) soit elle peut être transformée en une loi logique si on substitue à ses termes non logiques d'autres termes de même signification. Dans ce qui suit, c'est aux définitions de ce type que nous nous intéresserons. C'est à Gottlob Frege que nous devons la première formulation d'une définition de ce type. Pour cette raison, nous appellerons ces dernières « définitions frégéennes » et, à moins d'un avis contraire, nous utiliserons le terme « analytique » pour faire référence à l'analyticité de type frégéen.

L'ANALYTICITÉ : UNE SOLUTION SÉMANTIQUE À UN PROBLÈME ÉPISTÉMOLOGIQUE

Les vérités comme (1)-(4), une fois qu'on les reconnaît, semblent nécessaires et pour ainsi dire contraindre notre assentiment, vraisemblablement sans que nous ayons pour cela à recourir à nos connaissances sur le monde. On dit en général des vérités qui présentent cette caractéristique qu'elles sont (ou sont connues) *a priori*. Par ailleurs, comme nous l'avons vu, si nous ne pouvons douter des vérités *a priori* (sinon de toutes, au moins d'une grande partie d'entre elles) c'est que ces propositions sont vraies en vertu de la signification des termes et des lois logiques, qu'elles sont analytiques au sens de Frege.

Bien qu'elles semblent intimement liées, il faut néanmoins bien distinguer analyticité et apriorité. L'apriorité concerne une relation *épistémique* : la justification. D'une manière générale, la notion de justification est centrale en épistémologie : elle fonde la distinction entre une (simple) croyance et une connaissance. On définit en effet le plus souvent ces termes de la manière suivante :

(CROYANCE) Une agent A croit que p si et seulement si A tient p pour vraie.

(CONNAISSANCE) Un agent A sait que p si et seulement si 1) A croit que p, 2) A est justifié de tenir p pour vraie et 3) il est vrai que p.

En quoi est censée constituer la justification à laquelle renvoie la condition (2) dans (CONNAISSANCE) ? Traditionnellement, on dit d'une croyance qu'elle est justifiée seulement si elle repose sur des « raisons » valables. Plus récemment, on a proposé d'autre définition de ce en quoi consiste la connaissance. La théorie dite « fiabiliste » est l'une des plus répandues. Selon cette dernière, un agent A sait que p si et seulement si (1) A croit que p, (2) A est parvenu à la croyance que p par le biais d'un processus (cognitif) fiable et (3) il est vrai que p. La fiabilité des processus par lesquels je parviens à une croyance est censée ici constituer une manière d'expliquer ce en quoi consiste la justification de ma croyance. Selon le fiabiliste, il n'y a pas lieu ici de faire appel au concept (suspect) de « raison ». Si elle n'est pas explicitement qualifiée de manière à exclure l'explication traditionnelle, la notion de justification impliquée dans (CONNAISSANCE) pourrait donc, par défaut, sembler inadéquate à certains – et au fiabiliste en particulier. Nous ne prenons toutefois pas ici parti sur la question de savoir ce qu'on doit entendre par « justification ». Aussi, (CONNAISSANCE) n'exclut pas, en principe, qu'une explication adéquate de la connaissance puisse être fiabiliste, ou autre. Une connaissance est donc, d'après notre définition, une croyance vraie et justifiée dans un sens que nous laisserons indéterminé. Par exemple, je sais que la neige et blanche – il ne s'agit pas d'une simple croyance – parce que, conformément à (CONNAISSANCE) : je crois que la neige est blanche et (2) ma croyance est justifiée. J'ai pu, en effet, percevoir la blancheur de la neige en de multiples occasions, je n'ai jamais vu de neige rouge ou bleu ou noire (la neige souillée par le sable et le sel ne comptant pas), mes perceptions semblent concorder avec les rapports de perceptions de pratiquement tout ceux qui se sont prononcés sur la couleur de la neige, etc.; et (3) il est effectivement le cas que la neige est blanche. Ce qui importe ici est dans tous les cas la chose suivante : la question de savoir si l'une de nos croyances est vraie et justifiée – si elle a le statut de connaissance – dépend typiquement à la fois de certains états épistémiques ou cognitifs et de ce qui est objectivement le cas dans le monde. Or, à cet égard, la particularité de nos connaissances en logique, de même que de certaines de nos connaissances mathématiques ou à propos des célibataires et des neurologistes, par exemple, c'est que leur justification semble entièrement indépendante de l'expérience externe ou sensible. On dit de croyances qui peuvent être justifiées sans recours à des observations empiriques qu'elles sont (ou sont connues) *a priori*. Le caractère remarquable des vérités comme « Si A est B, et si B est C, alors A est C », « 2+2 = 4 » ou des vérités comme (1)-(4) s'explique en ceci que ces dernières sont connues *a priori* – tandis que nous tenons les propositions (5)-(8) pour vraies en partie sur la base de certaines observations empiriques.

Qu'est-ce qui nous autorise à tenir pour vraies des propositions qui sont censées ne pas porter sur des objets qui peuvent être observés empiriquement ? On peut comprendre la motivation centrale des théories de l'analyticité comme consistant précisément à expliquer ce qui nous autorise à tenir pour vraies des propositions *a priori sans toutefois faire appel à l'idée d'évidence* ou à d'autres critères subjectifs semblables, comme la certitude ou la conviction. On retrouve une théorie de l'évidence intuitive, par exemple, chez Descartes et plus récemment chez les néo-cartésiens comme Laurence Bonjour qui cherchent à rendre compte du caractère *a priori* de certains types de vérités en ayant recours à l'idée qu'elles sont saisies dans :

> un acte d'évidence rationnelle ou d'intuition rationnelle [...] qui est apparemment a) direct ou immédiat, non discursif mais néanmoins b) intellectuel ou gouverné par la raison [1].

1. L. Bonjour, *In Defense Of Pure Reason*, Cambridge, Cambridge UP, 1998, p. 102.

L'une des critiques classiques des théories de l'évidence intuitive repose sur la distinction entre le fait, pour une proposition p, d'être vraie et le fait de tenir p pour vrai (qu'elle le soit ou non). Il est clair que le fait que A tienne p pour vraie n'implique pas que p soit vraie. Le fait que Gottlob croit (à tort) que Toronto est la capitale du Canada n'implique pas que Toronto est la capitale du Canada. Et le fait que la vérité de la proposition « Toronto est la capitale du Canada » soit parfaitement évidente à Gottlob n'y change, bien entendu, absolument rien. Confronté à de telles possibilités, une théorie qui explique que nous connaissons certaines vérités *a priori* parce qu'elles sont « évidentes » se heurte ainsi à un sérieux problème. L'idée que ce qui nous autorise à tenir pour vraie les propositions qui sont indépendantes de l'expérience est le fait que nous avons une faculté spéciale d'intuition ou d'évidence – la soi-disant contrepartie « intellectuelle » de la perception sensible – qui nous permet de reconnaître les vérités *a priori* comme évidentes soulève le problème de l'erreur. L'évidence est un « sentiment » que nous avons ou un trait épistémique qu'ont certaines de nos croyances en tant que nous les avons. Mais comment pouvons-nous jamais être certains que des croyances fausses ne nous apparaissent pas, par accident, comme absolument évidentes ? Il semble impossible de fixer un critère purement épistémique de démarcation entre le fait – lui aussi épistémique – de tenir pour vraie et évidente une proposition vraie et le fait de tenir pour vraie et évidente une proposition fausse. Du point de vue simplement épistémique, les deux cas, celui où je tiens pour évidente une proposition vraie et celui où je tiens pour évidente une proposition fausse – et qui ne s'est jamais trompé ! – sont virtuellement identiques : je ne peux douter de la vérité de la proposition, j'en suis certaine ou convaincue, etc. Il semble donc qu'un « sentiment », même s'il est prétendument le résultat d'une perception spéciale de type soi-disant « intellectuelle » ou « rationnelle », ne peut jamais être considéré comme une justification acceptable [1].

Étant donné l'échec apparent des théories qui s'en remettent au sentiment de certitude subjective à garantir la vérité des propositions non empiriques, l'intérêt de la notion d'analyticité semble donc être le suivant : l'analyticité nous permet d'expliquer *sur la base d'un critère purement sémantique et donc objectif* (et non pas épistémique et subjectif) ce qui nous autorise à tenir pour vraies (sinon toutes, au moins une bonne partie) des propositions *a priori*. L'idée à la base de cette thèse consiste à dire que puisqu'elles reposent sur (nos connaissances relatives à) la signification des termes et aux lois logiques – c'est-à-dire puisqu'elles sont analytiques – ces propositions vraies *a priori*, si elles peuvent effectivement être connues, le seraient sur la base de connaissances qui sont parfaitement légitimes tout en étant éminemment non empiriques. Ce qui est présupposé ici est la chose suivante : nous connaissons toujours *a priori* et pour ainsi dire de manière transparente la signification des mots ou les lois logiques dont nous faisons usage. Nous verrons plus loin que ce présupposé n'est pas sans difficulté.

Notons qu'il existe deux manières de définir l'*a priori*, une faible et une plus forte :

(*A PRIORI*)   A sait que p *a priori* au sens faible si 1) A croit que p, 2) A est justifié de tenir p pour vraie, 3) sa justifi-

---

1. On retrouve une défense de la position néo-cartésienne chez d'autres auteurs. G. Rey discute cette question plus en détail dans son article « The Analytic/Synthetic Distinction », *The Stanford Encyclopedia of Philosophy*, Automne 2003, E.N. Zalta (ed.), http://plato.stanford.edu/entries/analytic-synthetic/ (2003, § 4.1).

cation est indépendante de l'observation empirique
et 4) p est vraie

(*A PRIORI*ᶠ) A sait que p *a priori* au sens fort si 1) A sait que p
a priori et 2) sa justification n'est pas suscep-
tible d'être remise en cause par une observation
empirique future.

Nous ne chercherons pas ici à savoir laquelle de ces deux
définitions de l'*a priori*, la faible ou la forte, est la plus juste ou
s'il y a effectivement des connaissances de la seconde espèce.
Dans ce qui suit, à moins d'un avis contraire, nous parlerons de
l'apriorité dans un sens minimal qui correspond à l'apriorité
faible, mais nous n'excluons pas que ce que nous disons
s'applique à l'apriorité au sens fort.

L'ANALYSE DE LA FORME D'UNE PROPOSITION
ET LA NOTION DE VÉRITÉ LOGIQUE

La vérité d'une proposition de l'espèce de (5)-(8) dépend
en général de deux choses : d'une part, de la signification des
termes qu'elle contient et d'autre part de ce qui est le cas.
L'idée que la signification des termes référentiels – on les
appelle aussi parfois, pour marquer le contraste, termes « non-
logiques » – peut, en partie, être établie sur la base de la classe
d'objets auxquels ils réfèrent, c'est-à-dire par ce qu'on appelle
d'une manière technique leur « référence » ou « interprétation » est difficilement contestable. « Neurologiste » aurait
assurément une signification différente s'il dénotait
l'ensemble des corbeaux, « célibataire » ne pourrait pas être
dit synonyme de « personne adulte non mariée » si son extension était l'ensemble de toutes les choses qui sont noires ou la
propriété d'être noir. La vérité de la proposition :

1) Certains neurologistes ne sont pas mariés

dépend à la fois 1) de ce que les termes (logiques et non logiques) qu'elle contient signifient et 2) de ce qui est le cas. (5) est vraie non seulement parce que les termes qu'elle contient ont la signification qu'ils ont, mais parce que, étant donné la signification des termes contenus dans (5), l'état de choses que (5) décrit est le cas : c'est un fait que certains neurologistes ne sont pas mariés [1]. Si les termes étaient interprétés différemment, les conditions sous lesquelles cette proposition est vraie – ses « conditions de vérité » – seraient, elles aussi, affectées. Si « neurologiste » dénotait les corbeaux et « célibataires » l'ensemble de toutes les choses qui sont noires (5) serait fausse puisqu'elle ne décrirait pas un fait; à supposer, pour les fins de l'argument, qu'on fasse abstraction du cas des corbeaux albinos.

Étant donné ce qui précède, on peut établir une différence importante entre, d'une part, les propositions dont la vérité dépend effectivement de l'interprétation des termes référentiels qu'elles contiennent et celles, d'autre part, qui font exception et pour lesquelles ce n'est pas le cas. (5)-(8) sont toutes de la première espèce. (1), par contre, est de la seconde.

(1) est vraie quelle que soit l'interprétation qu'on donne aux termes non logiques qu'elle contient. Une proposition du

---

1. Certains philosophes, mais pas tous, préciseraient ici qu'on doit entendre « fait » et « état de chose » d'une manière assez large pour pouvoir inclure aussi les faits mathématiques (comme le fait que $2 + 2 = 4$) et logiques (comme le fait que si « Gottlob » dénote un humain, alors « Gottlob » dénote quelque chose), par exemple. Il n'est toutefois pas sûr que le recours à des faits non empiriques de cette espèce soit nécessaire. On peut, à l'opposé, affirmer que « le fait » que $2 + 2 = 4$ ne dépend pas de l'état d'un soi-disant monde mathématique ou logique. Ce qui expliquerait la vérité de « $2 + 2 = 4$ », selon cette approche c'est ceci que la proposition « $2 + 2 = 4$ » est vraie dans tous les mondes possibles. Le recours à la notion de monde possible rend le postulat d'une réalité prétendument mathématique discutable.

type de (1) est analytique, car le fait que ses termes non logiques peuvent être interprétés arbitrairement est une conséquence du fait que la forme logique de cette proposition est ultimement la seule chose qui soit déterminante eu égard à sa vérité. Aussi, pour connaître la vérité de (1) on doit au moins pouvoir saisir sa forme logique. Appelons la procédure par laquelle on établit la forme logique d'une proposition la « formalisation ». Une étape importante de la formalisation est la « schématisation » : on schématise lorsqu'on remplace uniformément et systématiquement les termes référentiels contenus dans une proposition par des « lettres schématiques ». La schématisation de :

> Tous les médecins spécialistes du système nerveux sont des médecins.

Peut donc être représentée par :

> 1*) Tous les A qui sont des B sont des A.

Uniformément et systématiquement : c'est-à-dire qu'on remplace toujours deux occurrences d'un même terme par deux occurrences de la même lettre schématique et qu'on remplace toujours des termes différents par des lettres différentes. Réciproquement, on « interprète », au sens technique, une forme logique lorsqu'on remplace les lettres schématiques par des termes référentiels. En l'occurrence, on notera que quels que soient les termes qu'on choisit pour remplacer les lettres schématiques qui figurent en (1*) – quelle qu'en soit l'interprétation – le résultat sera invariablement une vérité. Par conséquent, on dira aussi, pour faire court, que (1) est vraie quelle que soit l'interprétation qu'on fasse de « médecin » et « spécialiste du système nerveux ». On nomme « vérité logique » une proposition qui a cette propriété.

Il n'est pas toujours facile d'établir qu'une proposition a effectivement le statut de vérité logique, et l'élucidation de la forme logique d'une proposition ne s'arrête pas toujours à sa schématisation. Le plus souvent, en fait, la forme logique d'une proposition se dissimule, pour ainsi dire, derrière sa forme grammaticale de telle sorte que la substitution des termes référentiels par des lettres schématiques, bien qu'elle soit une étape indispensable, n'est pas suffisante et laisse l'analyse incomplète et inachevée. On peut se demander, par exemple, si :

1^*) Tous les A qui sont des B sont des A

fournit effectivement une analyse complète ou adéquate de la forme logique de :

> Tous les médecins spécialistes du système nerveux sont des médecins.

La réponse à cette question n'est malheureusement pas tranchée, car *tout dépend des ressources logiques à notre disposition*. Que veut-on dire par là ? Cette question mérite un traitement détaillé.

Que ce soit de manière implicite (chez Frege, par exemple) ou de manière explicite (chez Bolzano et Carnap), certains philosophes avancent l'idée que la forme logique d'une proposition reste voilée par la grammaire des langues naturelles. En d'autres termes, ces derniers croient qu'on se doit de faire une distinction entre le niveau « linguistique » et le niveau « logique » et que la grammaire des langues naturelles peut induire le logicien en erreur : elle peut voiler la forme logique et donc certaines propriétés logiques importantes. Pour Carnap, par exemple :

> La tâche de rendre plus exact un concept de la vie quotidienne [...] qui est vague ou qui n'est pas tout à fait exact, ou plutôt de le remplacer par un concept nouvellement construit et plus exact appartient aux tâches les plus importantes de l'analyse logique [...][1].

---

1. R. Carnap, *Signification et Nécessité*, *op. cit.*, p. 7-8.

Carnap nomme « explication » la procédure qui consiste à remplacer un terme vague par un terme exact. Comme le note Quine, la procédure explicative de Carnap ne consiste pas simplement à paraphraser l'expression en question en utilisant un synonyme mais à améliorer l'expression en raffinant ou en complétant sa signification[1]. On peut formuler l'idée de Carnap plus généralement, de la manière suivante : les propositions appartenant au langage quotidien sont souvent vagues, soit parce qu'elles contiennent des termes vagues, soit encore parce qu'elles présentent une ambiguïté syntaxique (ce qui n'est pas la même chose qu'être vague), c'est-à-dire une ambiguïté relative à sa forme. Prenons par exemple la proposition (non analytique) :

9) Éric, Louis et Julie forment un trio.

Cette proposition présente une ambiguïté de nature syntaxique. Elle semble en effet pouvoir être formalisée d'au moins deux manières différentes qui ne sont pas équivalentes :

9^*) A, B et C sont D

et :

9^{**}) xRyz, c'est-à-dire x est en relation R (= former un trio) avec y et z.

(9^*) et (9^{**}) ne sont pas équivalentes puisque, comme nous le verrons immédiatement, elles ont des conséquences logiques distinctes. Le fait que les propositions de la forme (9^*) et (9^{**}) ne soient pas équivalentes indique l'ambiguïté : si elles avaient la même signification – si elles voulaient dire la même chose – elles auraient aussi les mêmes conséquences logiques. Quiconque considère que la forme logique de (9) est (9^*) (et accepte les règles de la logique classique) est aussi

_____

1. *Cf.* Quine, « Deux dogmes … », *op. cit.*, p. 55.

forcé d'admettre, en vertu de la règle d'élimination de la conjonction, que :

      10) Louis et Julie forment un trio

est vraie. Or (10) est assurément fausse ou absurde puisqu'un trio ne peut être formé par deux objets. (9^{**}) est donc une formalisation plus appropriée : elle n'a pas, en tout cas, cette conséquence fausse ou absurde[1].

L'analyse logique d'une proposition implique minimalement qu'on élimine les ambiguïtés syntaxiques de l'espèce de celle qu'on retrouve en (9). À cet égard, il n'est pas inexact de dire que les conceptions de l'analyse du type de celle que Carnap a en tête sont en fait des procédures de traduction : il s'agit de traduire une proposition vague parce qu'elle appartient à un langage vague (par exemple, le langage quotidien) en utilisant une expression (plus) exacte parce qu'elle appartient à un langage (plus) exact[2]. On peut, à l'instar de Carnap, comprendre l'analyse comme une procédure qui consiste à remplacer une proposition par une autre proposition qui, tout en

---

1. Notons qu'on pourrait objecter que (9^{**}) n'est pas elle-même sans ambiguïté puisque, par exemple, il n'est pas spécifié si R est une relation réflexive ou non. Une telle objection reposerait toutefois sur le postulat qu'une logique adéquate doit éliminer la plupart, sinon la totalité des ambiguïtés syntaxiques et donc avoir un très haut « niveau de grammaticalité ». Il n'y a pas ici consensus. Dans la pratique courante, on s'entend pour dire que la logique des prédicats du premier ordre, par exemple, permet d'éliminer la plupart des ambiguïtés substantielles et qu'un niveau de grammaticalité plus élevé n'est pas nécessaire et peut-être pas non plus justifié. Nous n'aborderons pas cette question ici.

2. La conception de l'analyse chez Carnap serait, d'après Mike Beaney, une procédure « paraphrastique » ou « de traduction ». On consultera les travaux de Beaney pour une discussion des différentes conceptions de l'analyse, de Platon à nos jours, en particulier M. Beaney, « Analysis », *The Stanford Encyclopedia of Philosophy*, Automne 2007, E.N. Zalta (ed.), http://plato.stanford.edu/archives/fall2007/entries/analysis/.

préservant au moins en partie la signification dans les contextes usuels, *appartient néanmoins à un langage plus exact*. Par un langage exact, on entend habituellement un langage (formel ou semi formel) qui répond à certaines contraintes absentes dans les langues naturelles. Par exemple, un langage dans lequel les constantes logiques utilisées sont définies de manière univoque, chaque terme référentiel ou (constante d'objet) réfère à une classe unique d'objets, aucune classe d'objets n'est désignée par plus d'un terme référentiel, etc.

On se doit toutefois de noter que jusqu'à la fin du XIXe siècle, les logiciens n'avaient tout simplement pas les ressources pour analyser correctement les propositions qui, comme (9), contiennent un prédicat relationnel, c'est-à-dire un terme désignant une relation comme « former un trio » ou « être plus grand que ». La même chose vaut par surcroît pour les propositions comme « Tout le monde aime quelqu'un », c'est-à-dire ce qu'on appelle les propositions à quantificateurs multiples. Pour pouvoir fournir une analyse adéquate de « Tout le monde aime quelqu'un » il faut disposer, pour reprendre l'expression de Carnap, d'un « concept exact » de relation, du général (c'est-à-dire de ce qui est signifié par « tous ») et du particulier (ce qui est signifié par « quelqu'un »). Plus précisément, il faut disposer d'un langage qui puisse effectivement traiter, au niveau syntaxique, des prédicats relationnels et de la quantification universelle et existentielle. Or un tel langage ne sera développé pour la première fois qu'en 1878, par Gottlob Frege, dans son *Idéographie*[1]. L'invention par Frege de la logique des prédicats et certains autres travaux

---

1. *Cf.* G. Frege, *Idéographie*, trad. fr. C. Besson, Paris, Vrin, 1998 (*Begriffsschrift. Eine der arithmetischen nachgebildete Formelsprache*, Halle-Saale, Verlag von Louis Nebert, 1879 ; rééd. Hildesheim, Olms, 1998).

comparables de ses contemporains comme Russell et Hilbert inaugurent une époque de progrès considérable qui explique en grande partie l'intérêt des philosophes pour l'analyse logique – et, en fait, leur intérêt pour la logique – du tournant du XXe siècle à nos jours. Cette effervescence a en effet donné naissance à plusieurs systèmes logiques plus ou moins concurrents avec le résultat qu'il existe aujourd'hui plusieurs « langages exacts » qui, lorsqu'il s'agit de mettre en exergue certains traits formels ou syntaxiques des propositions, donnent différents résultats et, à cet égard, présentent différents avantages. La question de savoir lequel de ces langages on doit choisir pour les fins d'une analyse de la forme logique est une question que nous n'abordons pas ici. Quoi qu'il en soit, c'est en ce sens que la question de savoir si l'analyse d'une proposition est adéquate dépend des ressources logiques à notre disposition : elle dépend du pouvoir d'expression du langage qu'on choisit pour sa formalisation.

L'ANALYSE DES TERMES ET LA NOTION DE SYNONYMIE

Qu'en est-il des propositions (2)-(4) ? Ne sont-elles pas, elles aussi, analytiques ? En effet, on s'entend pour dire qu'elles le sont. Mais l'idée de vérité logique est trop étroite pour rendre compte à elle seule de tous les cas d'analyticité et de ces cas, en particulier. Or, le véritable mystère des propositions analytiques ne réside pas dans les propositions qui sont manifestement « tautologiques » ou « identiques », comme :

> 1) Tous les médecins spécialistes du système nerveux sont des médecins

mais bien plutôt dans celles qui ne le sont pas, par exemple :

> 2) Tous les neurologistes sont médecins.

3) Aucun célibataire n'est marié.

4) Si Antoine a fait assassiner Cicéron, alors Cicéron est mort.

Lorsqu'on se pose la question de savoir ce qui explique que ces propositions semblent, elles aussi, ne pas pouvoir être fausses, l'étude de leur seule forme logique s'avère insuffisante. Ces propositions sont, d'après une analyse standard, respectivement de la forme :

2^*) Pour tout x, si x est F, alors x est G

3^*) Il n'est pas le cas qu'il y a un x tel que x est F et x est G

4^*) Pour tout x et pour tout y, si xRy, alors y est F.

Des propositions de forme (2^*)-(4^*) ne sont pas, pour toute fin pratique, syntaxiquement ambiguës. Cependant, elles n'expriment pas, non plus, des vérités logiques puisqu'on trouve facilement des instances ou interprétations de ces formes logiques qui sont platement fausses :

2^{**}) Tous les corbeaux sont roses

3^{**}) Aucun philosophe n'est marié

4^{**}) Si Louis est le frère de Julie, alors Julie vit à Cancun.

Comme nous l'avons vu à la fin de la section 4, les définitions de l'analyticité qui sont les plus adéquates, c'est-à-dire les définitions de type frégéen insistent sur un critère disjonctif d'analyticité. Selon ces définitions, une proposition est analytique si, soit 1) elle est une vérité logique (au sens défini dans la section précédente), soit 2) son caractère de vérité logique peut être établi une fois qu'on a aussi analysé les termes référentiels qu'elle contient. Des propositions de la seconde espèce sont des propositions dont l'analyticité est, pour reprendre l'expression de Bolzano, « cachée »[1]. On doit l'exemple canonique d'une telle vérité à Quine :

3) Aucun célibataire n'est marié.

---

1. *Cf.* Bolzano, *Wissenschaftslehre*, Sulzbach, Seidel, 1837, § 148, note 1.

Une fois analysé le terme référentiel « célibataire » dans (3), on découvre le caractère de vérité (analytique) logique de cette proposition. Le plus souvent, établir l'analyticité d'une proposition implique donc une double tâche d'analyse : à la fois logique (pour établir la forme) et conceptuelle (pour établir la signification ou définition des termes référentiels).

Les définitions frégéennes de l'analyticité proposent des versions différentes mais relativement équivalentes de ce qui doit être compris par « analyse conceptuelle » dans ce contexte. On peut, d'une part, comprendre « analyse conceptuelle » au sens de « définition explicite ». On pourrait dire, par exemple, que (3) est une vérité analytique cachée, puisque la définition explicite de « célibataire » est « homme adulte non marié » et qu'en remplaçant ce terme par sa définition on obtient une proposition vraie en vertu de sa forme logique, à savoir :

3') Aucun homme adulte non marié n'est marié.

On peut également supposer qu'analyser un terme consiste à trouver pour ce terme une expression de même signification (ou synonyme). (3) est aussi, en ce sens, une vérité analytique puisqu'elle contient un terme, à savoir « célibataire », qui peut être remplacé par une expression synonyme, à savoir « homme adulte non marié », et que cette substitution donne elle aussi comme résultat une vérité logique, à savoir, encore une fois, (3'). La même chose vaut par ailleurs pour (2) si on remplace « neurologiste » par « médecin spécialiste du cerveau » et pour (4) si on suppose que « x assassine y » est défini par ou veut dire la même chose que, par exemple, « x cause délibérément la mort de y ».

Laquelle de ces deux versions – l'analyse conceptuelle comme substitution d'une définition explicite ou l'analyse comme substitution d'un synonyme – est la plus satisfaisante ?

Cette question est encore ouverte au débat et a fait l'objet d'une littérature considérable. Par ailleurs, il faut noter que le fait qu'il n'y ait consensus, ni sur ce en quoi consiste une bonne définition, ni sur la nature exacte de la signification complique encore la question. Notons toutefois que l'opinion dominante est qu'une (bonne) définition explicite est toujours aussi un synonyme de l'expression définie de telle sorte que les deux conceptions, si elles ne sont pas équivalentes, sont du moins intimement liées. Dans la mesure où une bonne définition doit préserver le sens, l'*analysans* doit être un synonyme de l'*analysandum*. Par conséquent, de ces deux explications de ce en quoi consiste l'analyse conceptuelle, il semble que la seconde soit dans tous les cas plus primitive et plus générale puisque dans les deux cas la condition nécessaire d'une analyse adéquate est que l'*analysans* soit synonyme avec l'*analysandum*.

Une condition définitionnelle moins stricte consisterait à dire que les termes doivent avoir la même extension c'est-à-dire être « équipollents ». Cette condition est toutefois apparemment trop faible. Selon un célèbre exemple de Quine – nous y reviendrons dans l'avant dernière section – « créature avec un cœur » et « créature avec des reins » sont des expressions de même extension qui peuvent donc être substituées *salva veritate* dans tous les contextes extentionnels : toutes et seules les créatures avec un cœur ont des reins. Si on accepte la condition d'équivalence, on devrait donc dire que « créature dotée de reins » est « synonyme » de « créature dotée d'un cœur » (ou réciproquement). Mais on exige normalement d'une bonne définition quelque chose de plus – notamment, comme nous l'avons déjà mentionné, qu'elle ait le même sens que l'expression définie.

ANALYTICITÉ, APRIORITÉ, NÉCESSITÉ

L'analyticité et l'apriorité font partie d'une famille de dichotomies : on oppose 1) l'analytique au synthétique, 2) l'*a priori* à l'*a posteriori* et 3) le nécessaire au contingent. Ces notions sont liées de plusieurs manières complexes et doivent, dans tous les cas, être bien distinguées les unes des autres. La distinction entre croyance ou connaissance *a priori* et *a posteriori* est, comme nous l'avons vu dans la section intitulée « l'analyticité : solution sémantique à un problème épistémologique », une question *épistémologique* dans la mesure où elle concerne la manière dont un agent est en mesure de justifier le fait qu'il tienne pour vraie la proposition en question. Les croyances qui ne sont pas *a priori* sont toutes *a posteriori* et, en ce sens, tous nos rapports de perception et tous nos jugements d'observation et d'expérience sont *a posteriori* : ce qui les justifie sont au moins en partie ces perceptions, ces observations et ces expériences et leur statut de connaissances n'en est donc manifestement pas indépendant.

La distinction entre l'analytique et le synthétique est une distinction *sémantique*. *Grosso modo*, l'idée de base consiste à dire que toute proposition logiquement vraie ou qui peut être transformée en vérité logique en substituant certains termes par des synonymes est analytique : une telle proposition est vraie en vertu de la signification de ses termes. Dans le cas contraire, on dit qu'elle est synthétique.

La distinction entre le nécessaire et le contingent est, quant à elle, une distinction *métaphysique* : elle ne concerne ni les propositions, ni les croyances ou connaissances des agents mais les faits ou les états de choses qui sont décrits et pensés, respectivement, par les premières. Par ailleurs, contrairement à l'analyticité et l'apriorité, la notion de nécessité n'est pas une notion dont se servent uniquement les philosophes. On dit que ceci ou cela est « nécessaire » dans les situations les plus courantes, et l'usage philosophique est au moins en partie déterminé par l'usage ordinaire. On dit d'une chose qu'elle est contingente si elle aurait pu ne pas exister ou être autrement. Par exemple, il est contingent que mon chat s'appelle « un chat » (on peut s'imaginer un monde possible où les pratiques linguistiques seraient telles que « chat » désigne les girafes), ou que j'aie, en fait, un chat. Il semble toutefois qu'il y a des choses qui n'auraient pas pu être autrement. Par exemple, bien qu'il soit contingent qu'un ballon de football américain standard soit marron et de forme ichtyoïde, il n'aurait pas pu n'avoir aucune forme ou être tout blanc et tout marron à la fois. Il est nécessaire que les objets physiques, du moins ceux que nous sommes en mesure de percevoir directement, aient une surface et une forme et qu'ils ne puissent être tout entier de deux couleurs à la fois.

Cette manière de caractériser ces paires de concepts n'est pas polémique. La question de la relation entre ces trois dichotomies, quant à elle, ne fait pas consensus. La plupart des philosophes, même s'ils admettent qu'il puisse y avoir des propositions qui, tout en étant *a priori*, ne sont pas analytiques soutiennent néanmoins que si une proposition est analytique alors elle peut être connue *a priori* et, si elle est *a priori*, alors elle décrit un fait nécessaire.

Appelons la thèse précédente – si une vérité est analytique alors elle peut être connue *a priori* et décrit un fait nécessaire – (AnAN). (AnAN) repose sur deux présupposés distincts. Elle repose, d'une part, sur l'idée que les propositions analytiques sont connues *a priori parce que les connaissances relatives à la signification et à la logique sont connues a priori*. Il semble en effet que si on peut établir la vérité d'une proposition sur la base de la seule signification des termes (analyticité), on est alors aussi en mesure de justifier qu'on la tienne pour vraie indépendamment de l'expérience (apriorité). Cela implique que nos connaissances qui portent sur la signification sont toujours *a priori*. Mais est-ce vraiment le cas ? Ceux qui répondent par l'affirmative prennent généralement pour acquis que la signification d'un terme, bien qu'elle ne leur soit pas nécessairement identique, correspond d'une manière déterminée quelconque que nous ne chercherons toutefois pas à préciser ici à certains «états internes» des agents épisté-miques. Aussi, une fois reconnue la signification des termes que contient une proposition analytique on n'a nullement besoin de connaissances empiriques additionnelles pour être justifié de la tenir pour vraie : dans la mesure où ces états sont censés être «internes», l'expérience empirique ne peut rien nous enseigner de plus à leur sujet et la proposition en question est pour cette raison *a priori*. (Nous reviendrons sur ce présupposé et les problèmes qu'il génère en détail dans la dernière section.)

L'idée selon laquelle, si une proposition est connue *a priori*, le fait qu'elle décrit est, quant à lui, nécessaire requiert une prémisse additionnelle. Cette prémisse consiste à dire confor-mément à la définition que nous avons donnée de l'apriorité au sens fort qu'on peut connaître la vérité d'une proposition indé-pendamment du recours à l'expérience sensible, parce qu'une telle proposition ne concerne en aucune manière les faits empi-riques *et que l'expérience n'est donc pas susceptible de nous forcer à réviser nos croyances*. Compris en ce sens, les faits que décrivent les propositions *a priori* au sens fort seraient nécessaires puisqu'elles ne décrivent aucun fait qui soit contingent. Reprenant une idée fort répandue chez les positi-vistes – mais largement remise en cause aujourd'hui – on pourrait tenter d'expliquer le phénomène en disant que les vérités *a priori* concernent exclusivement les « conventions linguistiques » (ce qui inclut les postulats sémantiques, syntaxiques et les règles logiques en général). Les positivistes croyaient que les conventions linguistiques étaient considérées ne pas être susceptibles d'être révisées par l'expérience empirique puisque, en tant que conventions, elles ne concernent nullement cette dernière mais dépendent, pour ainsi dire, seulement de notre volonté.

(AnAN) a toutefois été remise en cause par plusieurs auteurs. On peut comprendre la plupart des critiques de (AnAN) comme résultant du rejet de l'un ou l'autre présupposé de (AnAN) – ou des deux à la fois. Par exemple, dans son célèbre ouvrage *La logique des noms propres* (1972)[1], Saul Kripke remet en cause la thèse conventionnaliste sous-jacente à l'idée que toute connaissance *a priori* est à propos d'un fait nécessaire (et, réciproquement, que tout fait nécessaire est connu *a priori*). Il propose une théorie de la référence selon laquelle la signification d'un terme n'est pas déterminée, du moins pas entièrement, par un état psychologique ou cognitif « interne » du locuteur. L'argument de Kripke, tout comme la théorie de la signification sur lequel il repose, est subtil et ingénieux et sa théorie de la référence fait aujourd'hui figure de paradigme. Nous y reviendrons dans la dernière section. Dans sa *Wissenschaftslehre* (1837), Bernard Bolzano nie, quant à lui, que la vérité ou la fausseté d'une proposition analytique puisse invariablement être connue *a priori*. Nous y reviendrons en détail dans le commentaire.

---

1. S. Kripke, *La logique des noms propres*, Paris, Minuit, 1982.

LA NOTION DE SYNTHÉTIQUE *A PRIORI*

(AnAN) pourrait sembler impliquer que seules les propositions analytiques sont *a priori*. Or ce n'est pas le cas. Bien que sur cette question, les opinions divergents, l'idée qu'il y a des propositions *a priori* qui ne sont pas analytiques est étonnamment commune et peut difficilement être contournée. Dans la *Critique de la raison pure*, Kant soutient notoirement cette idée et pose de la sorte pour la première fois le célèbre problème des propositions synthétiques *a priori*. Selon Kant, les vérités mathématiques, entre autres, c'est-à-dire les vérités de l'arithmétique et de la géométrie, sont de cette espèce. Sa démonstration procède en deux mouvements. Il cherche d'abord à démontrer que les vérités mathématiques sont effectivement synthétiques *a priori*. Il cherche ensuite à expliquer sur quelle base nous pouvons prétendre pouvoir les connaître en tant que telles. Le premier argument procède par la négative et est intimement lié à la conception kantienne de l'analyse conceptuelle. Selon Kant, une vérité arithmétique comme « 5+7 = 12 » est, certes, *a priori* – elle remplie les deux critères kantiens pour l'être, à savoir la nécessité et l'universalité – mais elle n'est pas analytique puisque, contrairement à ce qu'exige la définition kantienne de l'analyticité et à supposer, comme Kant, qu'il s'agit bien d'une proposition de la forme sujet-prédicat où « = » assume le rôle de la copule, le concept-prédicat « 12 » n'est pas contenu dans le concept-sujet « 5+7 ». Nous verrons cela plus en détail dans le commentaire.

La notion kantienne de synthétique *a priori* – et on doit à cet égard distinguer cette dernière de la notion de synthétique *a priori* que mettent en avant d'autres philosophes comme Bolzano, Schlick et Husserl, par exemple – repose sur une théorie qui a été critiquée avec une acrimonie peu commune

par la plupart des grandes figures de la philosophie analytique :
la doctrine de l'intuition pure[1]. Kant parvient à la conclusion
que les connaissances *a priori* que nous livrent les mathématiques reposent supposément sur des « intuitions pures » sur la
base du raisonnement suivant. Pour Kant, il est clair que ce qui
justifie nos croyances *a posteriori*, le fameux « X sur lequel
elles reposent » – ma connaissance, par exemple, que certains
médecins sont neurologistes – c'est l'expérience empirique.
Kant précise cette idée. Dans sa théorie, une croyance est
empirique si et seulement si elle *est fondée sur une intuition*
empirique. Pour Kant, *grosso modo*, ma croyance est fondée
sur une intuition si la justification que j'ai pour sa vérité est le
fait que je peux en principe avoir un rapport perceptuel ou
sensible direct avec l'objet singulier de ma croyance. Selon
lui, les intuitions sont en effet ce par quoi nous nous repré-
sentons – ce par quoi « nous sont donnés », dans ses termes –
les objets singuliers et elles sont à ce titre des représentations
singulières. Selon Kant, ce qui justifie ma croyance que
certains médecins sont neurologistes c'est le fait que je puisse
effectivement avoir l'intuition d'(au moins) un objet singulier,

---

1. Dans la littérature récente, la question de savoir si Kant a raison de croire
que l'intuition (quelle qu'en soit la nature) joue un rôle dans la connaissance
mathématique semble diviser les interprètes en deux camps. Parmi ceux qui
croient que Kant a eu tort, on retrouve, par exemple, M. Friedman (*Kant and the
exact sciences*, Cambridge-London, Harvard UP, 1992) et J. Hintikka (« Kant
vindicated », dans *Deskription, Existenz und Analytizität*, P. Weingartner (ed.),
Munich, Pustet, 1966). Parmi ceux qui croient, par contre, que Kant a eu raison
et que l'intuition joue un rôle essentiel dans la connaissance mathématique on
retrouve, entre autres, E. Carson (« Locke and Kant on Mathematical
Knowledge », dans *Intuition and the Axiomatic Method*, Dordrecht, Springer,
2005) et U. Majer (« The Relation of Logic and Intuition in Kant's Philosophy
of Science, Particularly Geometry », dans *Intuition and the Axiomatic Method*,
op. cit.).

à la fois médecin et neurologiste (dans la terminologie kantienne : la même intuition peut être « subsumée » par concepts correspondants). Kant croit, par ailleurs, que seules les croyances qui s'appuient sur une intuition peuvent effectivement accéder au statut de connaissances. C'est le sens qu'on peut donner à la fameuse formule selon laquelle « les concepts sans intuition sont vides »[1]. Si, comme Kant, on suppose ce qui précède, qu'est-ce alors qui garantit aux vérités mathématiques effectivement connues leur statut de connaissances ? Dans la mesure où elles sont *a priori*, il est manifestement impossible qu'elles reposent sur une intuition empirique. Kant croit par conséquent trouver la solution à ce problème dans l'hypothèse d'un nouveau type d'intuition : l'intuition supposément « pure ». La première partie de la *Critique de la raison pure*, L'Esthétique transcendantale, a pour but de rendre plausible l'idée que nous avons de telles intuitions pures – Kant y défend l'idée que les représentations du temps et de l'espace sont prétendument de cette espèce[2].

L'influence de Kant sur la philosophie analytique non germanophone fut surtout négative[3]. Plusieurs philosophes cherchèrent, contre Kant, à s'assurer que la notion d'intuition pure ou un quelconque équivalent ne s'immisce nulle part dans les théories du fondement de la connaissance mathématique. Il

---

1. Kant, *Critique de la raison pure*, B75, B298 ; voir aussi B267, B348s.

2. A. Coffa (*The Semantic Tradition*, *op. cit.*, p. 23 *sq.*) explique que la terminologie utilisée au sein de la tradition mathématique britannique, dans la foulée de Newton, et donc celle qui est le plus susceptible d'avoir influencé Kant, inclut plusieurs « métaphores » dynamiques qui ont pu contribuer a rendre cette hypothèse plus plausible aux yeux de Kant.

3. Cette remarque ne concerne pas le courant dit « néo-kantien » qui cherche au contraire à réhabiliter certains aspects de la théorie kantienne de la connaissance.

serait toutefois erroné de dire que les philosophes analytiques se sont opposés à la notion kantienne de synthétique *a priori* en général. Tandis qu'on insiste généralement sur le caractère analytique de la logique et – dans la lignée de Frege – de l'arithmétique, le statut de la géométrie, par exemple, reste quant à lui généralement contesté. Il est intéressant de constater que virtuellement tous les philosophes analytiques qui s'opposèrent à l'épistémologie kantienne des mathématiques et à la doctrine de l'intuition pure en particulier admettent qu'il y a des propositions synthétiques *a priori* – au sens kantien ou en un autre sens – et qu'elles semblent jouer un rôle important en science[1]. Quoi qu'il en soit, selon un avis répandu chez les philosophes analytiques, « l'ennemi numéro un » reste la doctrine kantienne de l'intuition pure et le projet commun à la plupart des philosophes analytiques au tournant du XXe siècle consiste à montrer qu'on peut édifier les sciences purement déductives comme l'arithmétique sans recours à

---

1. Au sujet de l'influence positive et négative qu'eut la doctrine kantienne de l'intuition sur les sciences, la physique et la mathématique en particulier, on consultera en outre *Intuition and the Axiomatic Method*, E. Carson et B. Falkenburg (dir.), *op. cit.* Selon Carson et Falkenburg, bien que la montée du positivisme logique contribua à cristalliser chez les philosophes analytiques de la première moitié du vingtième siècle la critique qu'on adresse à la doctrine de l'intuition pure : « cela ne représente qu'un côté du récit qui porte sur Kant, l'intuition et le vingtième siècle. Nombre de mathématiciens et de physiciens éminents étaient convaincus que les outils formels de la logique moderne, la théorie des ensembles et la méthode axiomatique ne sont pas suffisants pour fournir un fondement satisfaisants aux mathématiques et à la physique. Hilbert, Gödel, Poincarré, Weyl et Bohr croyaient tous que l'intuition est un élément indispensable lorsqu'on décrit le fondement de la science. Ils avaient des raisons très différentes de croire cela, et ils avaient des conceptions des différentes de ce qu'ils appelaient intuition. Mais ils avaient ceci en commun que leurs positions en mathématique et en physique furent largement influencés par leur lecture de Kant » (p. VII-VIII).

cette théorie. En effet, l'idée qui prendra racine avec Frege
(mais qu'on retrouve aussi, avant lui, chez Bolzano) est qu'une
preuve arithmétique acceptable est une preuve qui procède
systématiquement par des pas inférentiels purement logiques
et valides. C'est le principe que Frege tente d'établir lorsque,
dans l'introduction à l'*Idéographie*, il explique que ce qui
manque aux preuves qui sont disponibles à son époque est
la « Lückenlosigkeit » ou l'absence systématique de fossé
inférentiel[1]. À cet égard, le problème principal d'une théorie
qui, comme celle de Kant, a recours à l'intuition – qu'elle soit
pure ou intellectuelle ou autre – comme fondement d'une
croyance ou d'une connaissance est le suivant. L'idée selon
laquelle certaines de nos connaissances *a priori* sont fondées
sur autre chose que des propositions (vraies et démontrées)
court-circuitent la procédure logico-déductive puisqu'elle
a recours à un élément – l'intuition – qui est entièrement
étranger à la logique. En d'autres termes, dans une théorie où,
comme chez Kant, l'intuition pure se voit attribuer le rôle
de « fondement », les propositions de l'arithmétique et de la
géométrie ne sont pas démontrées de manière purement
logique et ultimement sur la base des axiomes.

UN DOGME ?

La notion d'analyticité – et la distinction entre
propositions analytiques et synthétiques – est l'une des rares
innovations philosophiques durables du XVIIIe siècle. Les
successeurs immédiats de Kant la reprirent pour la plupart telle
quelle, et même ceux qui furent en désaccord profond avec
l'épistémologie kantienne en général s'efforcèrent de la redé-

1. Frege, *Idéographie*, *op. cit.*, p. X.

finir afin de pouvoir au moins assimiler l'idée importante qui, selon eux, la sous-tend. En particulier, comme nous l'avons vu, de Bolzano à Carnap, les philosophes analytiques donnent à Kant le crédit d'avoir tenté de donner une explication systématique du fait que nos croyances ne sont pas toutes *a posteriori*. Même le philosophe néophyte – ou le bachelier moyen – reconnaît de manière spontanée qu'il y a une différence entre la croyance qu'aucun célibataire n'est marié et la croyance que tous les flamands roses sont roses – il y en a des blancs – et, lorsqu'on le familiarise avec la distinction entre propositions analytiques et synthétiques, qu'elle soit ou non celle de Kant, il est en général satisfait d'avoir trouvé en elle une explication pour le moins plausible de cette différence. On peut certainement s'étonner de l'impact qu'eût au début des années 1950 l'idée de Willard van Orman Quine dans son célèbre article « Deux dogmes de l'empirisme ». Dans cet article, Quine avance l'idée selon laquelle la distinction entre propositions analytiques et synthétiques est un « acte de foi métaphysique » dont la fausseté doit être démontrée. En dépit des ripostes et des répliques qui abondent encore aujourd'hui dans la littérature, il n'est pas rare qu'un étudiant ressorte d'un cours d'épistémologie avec l'impression que la critique quinienne fut en fait définitive – et les philosophes professionnels qui entretiennent de manière plus ou moins latente ce sentiment sont étonnamment nombreux. L'argument qui sous-tend le rejet par Quine de la distinction entre propositions analytiques et synthétiques ne peut être simplement ignoré. Sa critique souligne certains présupposés du positivisme logique qui sont effectivement problématiques. Or cela n'implique pas que l'idée qui sous-tend les théories de l'analyticité de ses prédécesseurs est entièrement erronée. Une explication plus raisonnable consisterait à dire que la critique de Quine montre le fait que le positivisme logique – en particulier la théorie de la signification qui fait l'objet de son attaque dans l'article – n'a pas les ressources pour soutenir de manière cohérente la distinction entre propositions analytiques et synthétiques telle que le positivisme logique la conçoit. Bien que la critique quinienne puisse aussi être étendue à d'autres conceptions, cela n'implique toutefois pas qu'il n'existe aucune manière de soutenir la distinction.

La notion d'analyticité à laquelle s'oppose Quine est celle qu'il retrouve chez les positivistes logiques. Pour A.J. Ayer [1], par exemple – mais Quine attribue la même conception à Carnap [2] – une proposition est analytique si sa vérité dépend seulement des définitions des symboles (ou termes) qu'elle contient, et synthétique lorsque sa vérité est déterminée aussi par les faits de l'expérience. L'importance de la distinction entre propositions analytiques et synthétiques pour les positivistes logiques se montre le plus clairement lorsqu'on la considère sur l'arrière-fond de la théorie de la connaissance qu'ils avancent. *Grosso modo*, selon une histoire répandue, le positivisme logique considère que la tâche principale du philosophe est d'exclure systématiquement les propositions qui, tout en ayant l'air d'énoncés informatifs, ne contribuent pas à l'édification d'un savoir rigoureusement scientifique, c'est-à-dire d'un savoir qui se fonde sur la méthode des sciences naturelles empiriques. De telles propositions, selon les positivistes, sont dénuées de sens ou vides de signification : il s'agit de « pseudo-énoncés ». Le « principe de vérification » est le critère qu'adoptent les positivistes pour distinguer les propo-

---

1. *Cf.* A.J. Ayer. *Language, Truth, and Logic, op. cit.*, p. 78.

2. *Cf.* « Carnap on Logical Truth », dans *The Ways of Paradox*, Cambridge, Harvard UP, 1976, p. 103.

sitions dotées de signification et celles qui sont vides de sens : une proposition est dotée de signification seulement si on peut au moins en principe la vérifier par des méthodes observationnelles empiriques déterminées. Un énoncé comme «Le néant néantise», par exemple, doit être, si on suit ce critère, considéré comme vide de sens puisqu'il n'y a tout simplement pas de méthode empiriquement acceptable qui le confirme ou ne l'infirme. Cet exemple est fort célèbre. Carnap, dans un article intitulé «Le dépassement de la métaphysique par l'analyse logique du langage» cite cette phrase tirée de «Qu'est-ce que la métaphysique?» de Heidegger à titre d'exemple d'un «non sens métaphysique» qui, tout en ayant l'air de signifier quelque chose, ne satisfait pas le critère de sens que fixe le principe de vérification [1].

Comme critère de sens, le principe de vérification laisse toutefois de côté nombre de propositions qu'on voudra difficilement mettre au rang des pseudo-énoncés. En effet, les propositions de la logique et de l'arithmétique ne peuvent être, ni confirmées, ni infirmées par l'expérience. Quiconque déclarerait qu'il a «observé» à plusieurs reprises que certains célibataires sont mariés, susciterait la perplexité de ses collègues qui questionneraient, soit la validité de ses soi-disant observations, soit celle de ses capacités recognitionnelles en général, mais certainement pas le fait qu'aucun célibataire, s'il est vraiment célibataire, n'est marié. Le positiviste peut-il maintenir le principe de vérification comme unique critère de sens sans être forcé de rejeter dans le domaine du non-sens les propositions de cette espèce ? C'est ici que se montre l'utilité de la distinction entre propositions synthétiques et analyti-

---

1. *Cf.* R. Carnap, «Überwindung der Metaphysik durch logische Analyse der Sprache», *Erkenntnis* 2/4, 1932, p. 219-241.

ques. Si on prend pour acquis qu'il y a une telle distinction, il est aussi naturel de croire que toutes les propositions qui satisfont le principe de vérification sont synthétiques (*a posteriori*). De la même manière, il semble naturel de voir dans les propositions comme « 2+2 = 4 » et « Si A est B, et si B est C, alors A est C » des propositions analytiques ou vraies en vertu de la signification – en l'occurrence vraies en vertu de la signification de « + » et « = », et de « si…, alors… » et « et », respectivement. La distinction entre propositions analytiques et synthétiques permet donc au positiviste 1) de préserver le principe de vérification comme critère de sens dans le cas des propositions synthétiques *a posteriori*, 2) d'affirmer que les propositions comme « Aucun célibataire n'est marié », « 2+2 = 4 » et « Si A est B, et si B est C, alors A est C » sont vraies ; 3) tout en excluant les pseudos-énoncés qui ne sont, ni analytiques, ni synthétiques.

La critique de Quine repose sur le rejet systématique de la notion de signification qui sous-tend, d'une part, le principe de vérification et, d'autre part, la théorie de l'analyticité que mettent de l'avant les positivistes logiques. Par ailleurs, Quine s'attaque aussi au « réalisme sémantique », c'est-à-dire à la thèse selon laquelle les significations sont des entités de plein droit qui subsistent, pour ainsi dire, de manière abstraite dans un troisième monde [1]. Pour Quine, il est clair que le logicien fait erreur s'il considère qu'il doit, pour rendre compte de ce en quoi cela consiste pour une proposition d'avoir une signifi-

---

1. Nous reviendrons sur la question du réalisme sémantique dans le commentaire qui porte sur Bolzano. La critique quinienne du réalisme sémantique est, elle aussi, bien connue. Dans « Deux dogmes … » Quine renvoie le lecteur au propos qu'il tient dans « Dans ce qui est » (dans *Du point de vue logique*, *op. cit.*, p. 25-48) et « Le problème de la signification en linguistique » (*ibid.*, p. 83-104).

cation et donc d'être vraie en vertu de cette dernière, faire état de la nature des « entités signifiées » comme, par exemple, le croyait Frege. Bien plutôt, selon Quine :

> l'affaire d'une théorie de la signification [est en fait] simplement la synonymie des formes linguistiques et l'analyticité des énoncés ; les significations elles-mêmes, en tant qu'obscures entités intermédiaires, peuvent bien être abandonnées [1].

Si on suit le raisonnement de Quine, le rejet du réalisme sémantique semble toutefois laisser intacte le problème de l'analyticité, car :

> On n'a pas à chercher loin pour trouver des énoncés qui sont reconnus comme analytiques par acclamation philosophique. Ils forment deux classes. Ceux de la première classe et qu'on peut nommer logiquement vrais, sont du type de :
> (1) Aucune homme non marié n'est marié.
> La caractéristique pertinente de cet exemple est […] qu'il reste vrai sous toute interprétation de « homme » et « marié ». Si on suppose qu'un inventaire préalable des particules logiques comprend « aucun », « non », « si », « alors », « et », etc. alors, d'une manière générale, une vérité logique est un énoncé qui est vrai et reste vrai sous toute réinterprétation de ses composantes autres que logiques. Mais il y a une autre classe d'énoncés analytiques, du type de :
> (2) Aucun célibataire n'est marié.
> Le trait distinctif de tels énoncés est qu'il peut être transformé en une vérité logique en substituant synonymes pour synonymes ; ainsi (2) peut être transformé en (1) en substituant « homme non marié » pour « célibataire ».

Selon Quine, le problème qui consiste à expliquer ce en quoi consiste la signification d'un terme, du moins dans ce

1. Quine, « Deux dogmes … », *op. cit.*, p. 52 *sq.*

contexte, se réduit ultimement à la question de savoir sous quelles conditions deux termes peuvent être dits avoir *la même signification*, c'est-à-dire être synonymes[1]. Cependant, selon Quine, cette formulation du problème de l'analyticité n'évite les difficultés du réalisme sémantique que pour soulever à son tour celui de la synonymie. Qu'entend-on par synonymie? Quine considère deux réponses.

La première réponse que Quine examine consiste à dire que deux termes sont synonymes si le premier est la définition du second. Eu égard à cette thèse, Quine cherchera à montrer qu'on ne peut expliquer la notion de synonymie – et donc celle d'analyticité – en ayant recours à l'idée de définition. Par « définition » on peut, comme nous l'avons déjà mentionné, vouloir dire plusieurs choses différentes. Quine en examine, pour sa part, trois : 1) soit ce qu'on entend par « définition » est « pure lexicographie », c'est-à-dire une simple affaire de dictionnaire, 2) soit ce qu'on a en tête est une explication au sens de Carnap (voir la section intitulée « L'analyse des termes et la notion de synonymie »), 3) soit encore la définition en question est de nature stipulative. Le problème avec (1) est lié au fait que la tâche du lexicographe consiste à rapporter ce qu'il observe réellement chez les locuteurs d'une langue. Par conséquent, selon Quine, les « définitions » du dictionnaire sont en fait des rapports d'observation empirique : elles rapportent les relations de synonymie qui ressortent de l'usage ou des pratiques effectives d'une communauté linguistique déterminée. Pour le lexicographe, définir « célibataire » par « homme adulte non marié » revient donc à dire que les locuteurs du français utilisent en général ces deux locutions comme si elles étaient synonymes. Les définitions du dictionnaire signalent,

---

1. *Cf.* « De ce qui est », *op. cit.*, p. 38.

en d'autres termes, les relations de synonymies qui sont inhérentes aux pratiques linguistiques : au lieu de clarifier ce en quoi consiste la synonymie, elles présupposent son existence. C'est ce que Quine veut dire lorsqu'il écrit :

> Ce que cela signifie, au juste, d'affirmer une synonymie, en quoi consiste une connexion si elle doit être nécessaire et suffisante pour que deux formes linguistiques puissent être proprement décrites comme synonymes, cela est loin d'être clair ; mais, quelles que soient ces connexions, elles sont ordinairement fondées dans l'usage [1].

Selon Quine, (2) implique un type similaire de circularité. Certes, une explication au sens de Carnap ne consiste pas simplement à rapporter certaines relations de synonymie entre locutions qui seraient ancrées dans les pratiques des locuteurs. Comme nous l'avons vu brièvement à la section 6, l'explication carnapienne vise à améliorer l'expression en raffinant ou en complétant sa signification de telle sorte que le *definiens* et le *definiendum* n'ont pas exactement la même signification. Quine est d'avis que pour qu'une explication de type carnapien soit valable, il faut que la condition suivante soit remplie (Quine, dans l'article, emploie « contexte » de manière technique pour signifier les « contextes prédicatifs », c'est-à-dire les énoncés) : dans le cas où l'énoncé S contenant le terme x est en soit assez clair et précis pour être utile, l'énoncé S' généré en substituant x par y dans S est synonyme de S. Quoi qu'il en soit de la validité de cette condition – et ici n'est pas le lieu d'en débattre – selon Quine, elle implique dans tous les cas que la notion carnapienne d'explication suppose une notion de synonymie préalable à celle de synonymie entre termes, à savoir la

---

1. Quine, « Deux dogmes ... », *op. cit.*, p. 55.

notion de synonymie entre énoncés, et le problème reste, selon Quine, entier.

Le cas des définitions stipulatives est différent. On offre une définition stipulative d'un terme lorsqu'on crée de manière explicite une relation de synonymie entre deux termes. Quine donne en exemple l'introduction conventionnelle explicite d'une nouvelle notation pour les fins d'une abréviation et explique :

> Ici le *definiendum* devient synonyme du *definiens* en vertu du simple fait qu'il a été créé expressément dans le but d'être synonyme du *definiens*. Ici, on a un cas réellement transparent de synonymie créée par définition [1].

On aurait donc avec les définitions stipulatives un cas de synonymie qui n'est pas circulaire. Le problème selon Quine est que de telles définitions sont généralement réservées aux langages exacts ou formels et qu'il est clair que les cas de synonymie qui nous intéressent lorsqu'on s'interroge, par exemple, sur l'analyticité de « Aucun célibataire n'est marié » ne s'y réduisent pas.

Le deuxième sens de « synonyme » qu'examine Quine est proposé, entre autres, par C.I. Lewis [2] et consiste à dire que la synonymie de deux expressions consiste dans leur interchangeabilité *salva veritate*. En d'autres termes, l'idée que Quine attribue à Lewis est que si deux termes x et y peuvent être échangés sans que cela n'affecte jamais la vérité (ou la fausseté) de la proposition dans laquelle cette substitution a lieu, alors ils sont, pour toute fin sémantique, synonymes. Quine avance deux objections contre cette conception de la

---

1. Quine, « Deux dogmes … », *op. cit.*, p. 56.
2. Quine renvoie à C.I. Lewis, *A Survey of Symbolic Logic*, Berkeley, University of California Press, 1918, p. 373.

synonymie. D'une part, il explique qu'il semble y avoir certains contextes dans lesquels la substitution échoue et donc que la condition semble trop forte. Selon Quine, il y a des expressions dans lesquelles deux termes synonymes ne peuvent être interchangées sans que cela n'affecte la vérité de l'énoncé en question – voire même, sans que cela ne génère un non-sens grammatical. Quine cite plusieurs exemples, dont les suivants sont des équivalents francophones :

(Q1) « fou » a 3 lettres
(Q2) Le garde-fou sur cette route de montagne a sauvé plusieurs vies.

Dans le premier cas, l'échange de « fou » pour un synonyme, disons, « dément » conduit à un énoncé faux. D'une manière générale, rien ne garantit la substitution *salva veritate* dans les contextes où un mot est mentionné plutôt qu'il n'est utilisé. Dans le second cas, l'échange de « fou » pour « dément » dans le mot composé « garde-fou » donnerait une affirmation quelque peu étrange et dans tous les cas une fausseté. L'explication de Quine souligne le caractère particulier des expressions idiomatiques comme « garde-fou ». Dans de telles expressions, la signification du tout « garde-fou » n'est pas composée de la signification des parties « garde » et « fou », de telle sorte qu'on ne peut substituer une partie pour son équivalent.

Le second argument de Quine contre la proposition de C.I. Lewis consiste à montrer qu'à moins de présupposer l'analyticité, le fait que deux expressions soient interchangeables ne garantit pas qu'elles soient synonymes. Selon Quine, dire que « célibataire » et « homme adulte non marié » sont synonymes au sens pertinent revient précisément à dire que l'énoncé :

(Q3) Tous les célibataires et seuls les célibataires ne sont pas
mariés

est analytique. Or on ne peut être satisfait de cette explication
de la synonymie puisque, précisément, dans certains cas,
deux locutions « hétéronymes » semblent pouvoir remplir la
condition de substitution. L'énoncé :

(Q4) Toutes les créatures avec un cœur et seules les créatures
avec un cœur sont aussi des créatures avec des reins

est vrai pour toute créature dotée d'un cœur ou de reins, mais
elle n'est pas analytiques.

Dans le reste de cette section des « Deux dogmes… »
Quine évalue encore certaine autres stratégies possibles pour
éviter la circularité d'une définition de l'analyticité qui repose
sur la notion de synonymie. Il considère, par exemple, le
résultat de la substitution de « célibataire » par « homme adulte
non marié » dans l'énoncé vrai :

(Q5) Nécessairement, tous les célibataires et seuls les
célibataires sont célibataires

dans lequel on a éliminé la référence à l'analyticité,
c'est-à-dire :

(Q6) Nécessairement, tous les célibataires et seuls les
célibataires sont des hommes non mariés.

Quine raisonne de la manière suivante. Si (Q5) est vrai et si
« célibataire » et « homme adulte non marié » sont interchangeables, alors (Q6) sera aussi vrai. Or, dans la mesure où dire
que (Q6) est vrai implique l'analyticité de (Q3), on semblerait
avoir régler le problème : (Q6), apparemment sans recourir à la
notion d'analyticité – elle ne recours en fait qu'à la notion de
nécessité – semble fournir une condition suffisante pour la
synonymie de « célibataire » et « homme adulte non marié »
qui exclut les énoncés du type de (Q4), dans lesquels les termes
sont simplement équivalents. En effet, il n'est pas nécessaire

que toutes les créatures avec un cœur aient aussi des reins. Cet énoncé décrit un fait simplement contingent. Or, pour Quine, le succès n'est qu'apparent. Il explique :

> L'argument précédent suppose qu'on travaille avec un langage assez riche pour contenir l'adverbe « nécessairement », cet adverbe étant entendu de telle sorte à ne donner une vérité que lorsqu'il est appliqué à un énoncé analytique. [...] Mais cet adverbe a-t-il un sens ? Supposer qu'il en a un c'est supposer qu'on a déjà rendu compte de manière satisfaisante du sens de « analytique »[1].

Le verdict de Quine est que la distinction entre propositions analytiques et synthétiques ne peut être soutenue puisqu'une explication claire de ce en quoi elle consiste fait défaut. La littérature spécialisée autour de la critique quinienne est considérable. Le problème de l'analyticité, et ceux qui lui sont associés, telle la question de savoir ce en quoi consiste une théorie de la signification, de la référence, de la définition, de la nécessité, etc., restent dans tous les cas au cœur des préoccupations en philosophie du langage et de la logique.

L'ANALYSE DE LA SIGNIFICATION AUJOURD'HUI : INTERNALISME *VS* EXTERNALISME

L'un des présupposés communs à pratiquement toutes les théories de la signification et de l'analyse qui précèdent la

---

1. Quine, « Deux dogmes ... », *op. cit.*, p. 61. Dans la quatrième section, il considère enfin la stratégie de Carnap qui consiste à définir l'analyticité seulement pour des langages « exacts » en faisant appel à la notion de « règles sémantiques » (p. 64-70). Sa critique – et son rejet – de la suggestion de Carnap est intéressante, mais elle repose sur une série de considérations techniques dans lesquelles nous ne pouvons entrer ici par soucis de brièveté et de généralité.

critique de Quine – et à certaines autres plus récentes mais aussi plus rares [1] – consiste à prendre pour acquis que la signification d'un terme (ou au moins certains aspects cruciaux de cette dernière) détermine toujours à elle seule et entièrement ce à quoi ce terme réfère. Pour cette raison, plusieurs affirment que 1) l'analyse de la signification d'un terme est suffisante pour pouvoir en connaître la référence et 2) que cette analyse est toujours possible *a priori*. (2) repose sur la conviction que la signification d'un terme correspond à certains états cognitifs « internes » qui sont pour ainsi dire transparents et auquel un agent a donc toujours un accès privilégié en vertu de cette transparence. On nomme cette position l'« internalisme » sémantique.

Depuis la fin des années cinquante, et suite à la publication des célèbres travaux de Kripke que nous avons déjà évoqués (p. 35), il semble que la polémique majeure en ce qui concerne la pratique de l'analyse concerne précisément la question de savoir si l'internalisme doit être rejeté – au profit d'une position dite « externaliste » du type de celle que proposent Kripke ou Putnam, par exemple. Le débat réside dans la question suivante : peut-on déterminer *a priori* les conditions nécessaires et suffisantes pour qu'un objet tombe dans l'extension d'un terme ou y a-t-il bien plutôt, comme Kripke par exemple le prétend, plusieurs termes dont la référence ne peut être déterminée que sur la base de la reconnaissance de certains faits qui concernent le monde externe ?

C'est dans le but de répondre à cette question que Putnam développe la fameuse expérience de pensée de la Terre

---

1. J. Searle, par exemple, défend cette position dans *L'intentionnalité : essai de philosophie des états mentaux*, Paris, Minuit, 1985.

jumelle[1]. Cette expérience de pensée est la suivante. Imaginons, pour les fins de l'argument, qu'il existe dans l'univers une planète en tout point pareille à la Terre, où on retrouve une réplique en tout point identique de toutes les choses, créatures et personnes terrestres. Terre-Jumelle ne diffère de la Terre qu'en un seul point : il n'y a pas d'eau sur Terre-Jumelle. À sa place, on trouve une substance indiscernable en apparence de l'eau et dont la composition chimique complexe est abrégée ici par « XYZ ». Les Terriens-Jumeaux francophones, à l'instar des Terriens francophones, nomment cette substance « eau » – l'identité s'étend aussi à la syntaxe et la phonétique des langues. Finalement, on s'imagine que l'expérience a lieu à une époque antérieure, où ni les Terriens ni par conséquent les Terriens-Jumeaux n'avaient les moyens de déterminer la composition chimique de ce qu'ils appellent « eau » et qui ignorent donc que le liquide qui recouvre leur planète et est nécessaire à leur survie est, dans le premier cas, H_2O et dans le second XYZ. Sur Terre, lorsque Bernard utilise le terme « eau », cela implique qu'il a certains états internes qui correspondent à la signification du terme « eau » et auquel il peut avoir accès. C'est, selon le tenant de la théorie internaliste, en vertu de cette dernière et de cette dernière uniquement que Bernard réfère par là à la substance composée par H_2O. Sur Terre-Jumelle, l'utilisation du terme « eau » par le jumeau de Bernard implique les mêmes états internes – l'identité s'étend également aux états mentaux ou cognitifs de nos jumeaux. En principe, si la signification détermine entièrement la référence, et dans la mesure où la signification correspond effectivement à ces états mentaux ou cognitifs, le jumeau de Bernard devrait

---

1. H. Putnam, « La signification de "signification" », dans *Philosophie de l'esprit*, D. Fisette et P. Poirier (dir.), Paris, Vrin, 2003, vol. 2, p. 41-83.

donc référer à la même chose que Bernard. Mais ce n'est pas le cas puisque le jumeau de Bernard réfère à XYZ. Selon les « externalistes » comme Kripke et Putnam, cet exemple est censé montrer que l'analyse de certains types de termes comme « eau », « tigre » ou « Socrate », c'est-à-dire les noms propres et les termes qui dénotent les espèces naturelles, ne peut jamais être uniquement conceptuelle et *a priori* mais que la référence de ces types de termes est en partie déterminée par certains faits qui concernent le monde dans lequel nous vivons, par exemple le fait que nous vivons dans un monde où la composition chimique de l'eau est H_2O et non pas XYZ. La théorie externaliste de la signification repose de manière substantielle sur l'idée que, dans certains cas, nos rapports causaux directs ou indirects avec les objets que désignent les termes que nous utilisons déterminent en partie, mais nécessairement, la signification de ces derniers.

L'enjeu du débat est considérable. En particulier, ce que la théorie externaliste de la signification suggère, c'est que la thèse selon laquelle toute vérité *a priori* est analytique et toute vérité *a priori* est nécessaire est fausse. Il y a, selon Kripke, par exemple, des propositions qui sont telles que même si nous pouvons savoir qu'elles sont vraies *a priori*, elles ne sont pas vraies en vertu de la seule signification des termes qu'elles contiennent (et ne sont donc pas analytiques). Par exemple, une proposition comme :

> 11) La distance entre les deux marques sur la barre standard faite d'un alliage de platine et d'iridium que l'on garde à Sèvres est d'un mètre

ressemble à une définition – elle fixe dans tous les cas la référence du terme mètre. Or, précisément, selon Kripke son but n'est pas de donner la signification du terme « mètre » mais bien plutôt d'en fixer la référence. Or, dans ce cas, pour fixer la référence, il faut qu'au moins certains agents aient été en contact causal direct avec cette barre de métal – il faut qu'ils l'aient perçue. Le terme « mètre » n'aurait aucun sens si personne n'avait jamais vu la barre de métal de Sèvres et si personne ne s'était ensuite entendu pour en faire le standard métrique et n'avait entrepris – ce qui implique une séries d'actions et d'événements formidablement complexes qui s'étendent sur une période de temps continue et qui sont liés de manière causale – de faire en sorte que la vérité de (11) soient reconnue. Pour cette raison, (11) n'est pas analytique ou vraie en vertu de la seule signification. Néanmoins, (11) reste, selon Kripke, vraie *a priori*[1]. Il est important d'insister sur ceci que les raisons qu'a Kripke pour croire que des propositions *a priori* peuvent ne pas être analytiques – et pour réintroduire de la sorte une notion de synthétique *a priori* – sont dans tous les cas expressément différentes de celles de Kant. Elles sont liées au moins en partie à sa critique de l'idée classique que les états cognitifs internes qui correspondent à la signification d'un terme sont suffisants pour déterminer la référence de ce dernier et à la théorie externaliste de la signification qui s'étaye sur cette idée.

Il est aussi important d'insister sur le fait que Kripke n'est pas le seul, ni le premier, à avoir proposé une notion de synthétique *a priori* entièrement différente de celle de Kant. La critique que Bernard Bolzano adresse à la théorie décompositionnelle kantienne de l'analyse le conduit lui aussi comme nous le verrons dans le commentaire à redéfinir la distinction analytique/synthétique. Il redéfinit aussi les notions d'aprio-

---

1. S. Kripke, *La logique des noms propres*, *op. cit.*, p. 46.

rité, de nécessité et les rapports qu'elles entretiennent. Sa théorie présente à cet égard une originalité et un intérêt incontestables.

Le débat entre internalistes et externalistes est loin d'être résolu. Lorsqu'il s'agit d'analyser la signification d'un terme, doit-on privilégier le contenu de nos croyances ou doit-on aussi considérer notre rapport au monde empirique ? On retrouve, dans la littérature contemporaine un éventail de positions, certaines plus ou moins extrémistes, et d'autres plus ou moins conciliatoires. La question qui presse ce débat est absolument centrale puisqu'elle concerne la nature même de la tâche du philosophe et on se doit de considérer ce que pourrait suggérer un débat qui pencherait en faveur de l'externalisme, à savoir la défaite d'une entreprise philosophique multi-centenaire qui se fonde sur l'idée que la philosophie est une discipline «purement conceptuelle» qui se distingue des autres disciplines comme la psychologie ou les sciences cognitives *précisément pour cette raison*. A-t-on raison de croire que donner raison, même seulement en partie, à l'externalisme signifie l'échec de l'idée d'une philosophie «analytique»? Peut-on, tout en donnant raison à ceux qui croient que l'analyse de la signification des termes et donc du contenu de nos croyances implique le recours à l'expérience empirique, maintenir que la tâche du philosophe est néanmoins une tâche principalement «conceptuelle» qui soit parfaitement légitime? Il n'y a pas de réponse simple à cette question. On peut néanmoins remarquer que la question de savoir quel équilibre on doit maintenir entre la préoccupation pour le contenu des croyances et celle pour la référence (empirique) des termes lorsqu'il s'agit d'en déterminer la signification est elle-même une question proprement philosophique qui nécessite une analyse [1].

Remerciements

Je tiens à remercier Martin Montminy et Claude Piché pour leurs commentaires et leurs suggestions.

1. Je donne ici raison à H. Jackman dont les travaux en cours portent entre autres sur cette question, et à qui je dois une discussion particulièrement intéressante.

TEXTES ET COMMENTAIRES

TEXTE 1

EMMANUEL KANT
Critique de la raison pure, Introduction, § 4 *

Dans tout jugement dans lequel est pensée la relation d'un sujet au prédicat (si je n'examine ici que les jugements affirmatifs, c'est que l'application aux négatifs est ensuite facile), cette relation est possible de deux manières. Soit le prédicat B appartient au sujet A comme quelque chose qui est contenu (de manière cachée) dans ce concept A ; soit B repose entièrement hors de A, bien qu'il soit connecté avec lui. Dans le premier cas, je nomme le jugement *analytique*, dans l'autre *synthétique*. Les jugements analytiques (affirmatifs) sont donc ceux dans lesquels la connexion du prédicat avec le sujet est pensée avec identité. Ceux dans lesquels cette connexion est pensée sans identité doivent par contre être appelés synthétiques. On pourrait aussi appeler les premiers jugements explicatifs et les autres jugements extensifs. Car les premiers n'ajoutent rien, par le prédicat, au concept du sujet mais, par la seule décomposition, le brise dans ses parties qui étaient déjà pensées en lui (de manière confuse). Ces derniers, par contre, ajoutent

* E. Kant, *Kritik der reinen Vernunft*, dans *Werke*, Walter de Gruyter Verlag, Akademie Ausgabe, 1968. Traduction originale par S. Lapointe.

au sujet un prédicat qui n'était nullement pensé en lui et qu'aucune décomposition de celui-ci n'aurait pu en tirer. Par exemple, lorsque je dis : tous les corps sont étendus, c'est-là un jugement analytique. Car je ne dois pas aller au-delà du concept que je lie avec un corps pour trouver que l'extension est connectée avec lui, je dois plutôt seulement décomposer ce concept, c'est-à-dire prendre conscience du divers que je pense à chaque fois en lui pour rencontrer en lui ce prédicat. C'est donc un jugement analytique. Par contraste, lorsque je dis : tous les corps sont pesants, le prédicat est quelque chose d'entièrement différent de ce que je pense dans le simple concept d'un corps. L'ajout d'un tel prédicat donne donc un jugement synthétique.

Les jugements d'expérience, en tant que tels, sont tous synthétiques. Car il serait absurde de fonder un jugement analytique sur l'expérience, puisque je ne dois nullement aller au-delà de mon concept pour tirer ce jugement, et qu'aucun témoignage de l'expérience ne m'est donc nécessaire. Qu'un corps est étendu, c'est là une proposition qui est établie *a priori*, et non pas un jugement d'expérience. Car avant même que j'aille vers l'expérience, j'ai déjà toutes les conditions pour mon jugement dans le concept duquel je tire le prédicat d'après le seul principe de contradiction, et je peux, par là, en même temps, prendre conscience de la nécessité du jugement, ce que l'expérience ne pourrait jamais m'enseigner. Par contre, bien que je ne comprenne nullement dans le concept d'un corps en général le prédicat de la pesanteur, ce dernier n'en désigne pas moins, par une de ses parties, un objet de l'expérience, et je peux ajouter à cette partie d'autres parties de la même expérience comme appartenant au premier [concept]. Je peux reconnaître auparavant de manière analytique le concept de corps par les caractères qui sont pensés en lui : celui de l'étendue, de l'impénétrabilité, de la figure, etc. Mais j'étends maintenant ma cognition et en me reportant à l'expérience de laquelle j'avais tirée ce concept de corps je trouve encore aussi à chaque fois, connecté avec les précédents, celui de la pesanteur et j'ajoute ce dernier synthétiquement comme prédicat à ce concept. C'est donc sur l'expérience que se fonde la possibilité de la synthèse du prédicat de la pesanteur avec le concept de corps, parce que les deux concepts, même si l'un n'est pas contenu dans l'autre, appartiennent néanmoins l'un à l'autre, bien que ce soit de manière contingente, comme les parties d'un tout, à savoir de l'expérience, qui est elle-même une liaison synthétique des intuitions les unes avec les autres.

Mais cette procédure fait entièrement défaut lorsqu'il est question des jugements synthétiques *a priori*. Lorsque je dois sortir du concept A pour en reconnaître un autre B qui est lié avec lui, sur quoi donc m'appuis-je et par quoi la synthèse est-elle possible? Car je n'ai pas ici l'avantage de pouvoir me tourner vers l'expérience. [...] Quel est donc ici cet inconnu = X sur lequel s'appuie l'entendement lorsqu'il croit trouver hors du concept A un prédicat B qui lui est étranger mais qu'il considère néanmoins être connecté avec lui? Ce ne peut être l'expérience puisque le principe introduit a ajouté la seconde représentation à la première non seulement avec une grande universalité, mais aussi avec l'expression de la nécessité et donc *a priori* et sur la base de simples concepts. Or, c'est sur de tels principes synthétiques, c'est-à-dire sur de tels principes extensifs que repose la visée de notre connaissance *a priori* dans sa totalité; car les analytiques sont certes hautement importants et nécessaires, mais seulement lorsqu'il s'agit de parvenir à la clarté conceptuelle qui est requise pour une synthèse assurée et étendue, en tant qu'acquis véritablement nouveau.

COMMENTAIRE

La méthode « décompositionnelle »

Lorsqu'on parle aujourd'hui de la connexion entre des termes, on a généralement à l'esprit les modes de combinaisons qui font d'une expression complexe une expression syntaxiquement bien formée. Dans le passage cité, lorsque Kant parle de la « connexion » entre A et B, sa préoccupation n'est pas syntaxique et ne concerne pas le fait de savoir si une expression composée successivement par « A », « est » et « B » est bien formée ou non. Cette question, celle de la grammaticalité, ne se pose pas ici pour Kant, et ce parce qu'elle est en quelque sorte déjà réglée. Comme Kant le dit lui-même, il ne considère ici que les propositions « catégoriques », c'est-à-dire les propositions de la forme « A est B » et, bien entendu, toutes les propositions de cette forme (et leur négation) sont donc, selon lui, grammaticalement bien formées. Kant entend la question de la connexion entre les deux concepts qui forment une proposition en un sens plus fort. Kant cherche ici à savoir ce qui garantit à une proposition « A est B » son statut de connaissance. Pour Kant, le fait que les concepts A et B soient connectés ensemble au sens où il l'entend constitue une justification pour la vérité de « A est B ». Kant suppose que si je sais que A et B sont connectés je ne peux douter que « A est B » est vrai.

Pour Kant, il y a deux situations dans lesquelles les concepts qui forment une proposition sont connectés en ce sens fort et où nous sommes donc justifiés de la tenir pour vraie : soit 1) il existe une relation de nature conceptuelle entre A et B qui fait en sorte que le jugement est « analytique », soit 2) la connexion entre A et B est garantie par une intuition et le jugement est « synthétique ».

Kant utilise plusieurs termes différents pour caractériser la relation entre les concepts A et B dans les jugements analytiques. La première section de l'extrait de l'introduction à la *Critique de la raison pure* contient à elle seule huit manières (supposément au moins équivalentes) d'expliquer ce qui nous autorise à tenir ce genre de propositions pour vraies :

> B appartient à A comme quelque chose qui est contenu en lui
> B repose en A
> La connexion entre A et B est pensée avec identité
> B n'ajoute rien qui ne soit déjà pensé en A
> Lorsqu'on brise A dans ses parties simples on trouve que B était déjà pensé en A.
> On peut tirer B de A lorsqu'on décompose ce dernier
> Je n'ai pas à aller au-delà de A pour trouver que B est connecté avec lui
> Lorsque je prends conscience du « divers » pensé en A, je rencontre B.

Cette profusion terminologique explique en grande partie le reproche qu'on adresse parfois à Kant, selon lequel sa caractérisation des propositions analytiques serait imprécise. Dans ce passage, Kant semble faire appel à plusieurs critères distincts pour caractériser l'analyticité d'un jugement. Certains autres passages renvoient à des explications encore différentes. Kant suggère par exemple dans le même passage et un peu plus loin dans la *Critique de la raison pure* que la vérité d'un jugement analytique peut être « établie d'après le principe de contra-

diction» (*Critique de la raison pure*, B190). Par ailleurs, au
paragraphe § 36 de la *Logique*, Kant écrit que «Les propositions *analytiques* sont celles dont la certitude repose sur
l'*identité* des concepts (du prédicat avec la notion du sujet)» et
s'explique en ayant recours à l'idée que le même objet tombe
aussi bien dans l'extension du concept du sujet que dans
l'extension du prédicat. En faisant appel à la notion d'extension, Kant implique toutefois que les jugements analytiques
sont ceux dans lesquels le concept du sujet est (au moins)
«subordonné» à celui du prédicat – une idée qui n'est
invoquée nulle part dans la *Critique de la raison pure* :

> Remarque 1. À tout x, auquel revient le concept de corps (a+b),
> revient aussi le concept de l'*étendue* (b), est un exemple de
> proposition *analytique*.

La question de savoir comment toutes ces explications
sont liées est certes fort cruciale et intéressante. Elle soulève
dans tous les cas plusieurs problèmes exégétiques. Nous nous
en tiendrons ici à ce que Kant écrit dans la *Critique de la raison
pure*.

Kant présente huit formulations en principe équivalentes
de ce en quoi consiste l'analyticité. Cependant, ces huit formulations renvoient implicitement ou explicitement à seulement
deux idées étroitement liées qui constituent les fondements
de sa théorie de l'analyse : l'inclusion et la décomposition.
Comme nous le verrons dans ce qui suit, Kant n'est pas le seul
ni d'ailleurs le premier à avoir tenté de comprendre les relations entre concepts sur la base des idées d'inclusion et de
décomposition. Dans ce qui suit, nous chercherons à
comprendre ce en quoi consiste une théorie «décompositionnelle» de l'analyse en général et ce qui fait la particularité
de celle que développe Kant. Contre certains de ses détrac-
teurs, il faut dans tous les cas donner à Kant le mérite de faire

reposer sa notion d'analyticité, bien que Kant lui-même ne soit pas toujours très explicite et que sa théorie soit insatisfaisante pour d'autres raisons, sur un conception de l'analyse qui est systématique et cohérente.

Le contenu des concepts

Pour Kant, une connaissance analytique est une connaissance «purement conceptuelle» : si «A est B» est analytique, alors «A» et «B» renvoient à des concepts et la vérité de «A est B» peut, au moins en principe, être établie sur la seule base de ces derniers. Dans la théorie kantienne, un concept est un type de «représentation». Bien qu'il ne le formule pas explicitement dans ces termes, pour Kant une représentation est 1) une entité non-linguistique dont on peut dire 2) qu'elle a une signification au sens minimal où elle est censée représenter ou renvoyer à au moins un objet – bien que la référence ou renvoi puisse échouer – et 3) qui peut faire partie d'un jugement [1]. Dans les théories décompositionnelles on dit des concepts qu'ils contiennent des *composantes* (*Teile, Bestandteile, Teilbegriffe, Merkmale*). Les composantes d'un concept ont pour fonction de représenter certains aspects ou propriétés des objets des concepts en question. Comme nous le verrons, Kant a une conception large de ce que peut contenir une représentation en général, ce qu'il appelle aussi son «divers» (*das Mannigfaltige*). Mais eu égard aux concepts qui forment les jugements analytiques, ces composantes sont toujours elles-mêmes de nature conceptuelle. Selon Kant, un

---

1. Pour un retour historique sur la notion kantienne et prékantienne de représentation, on consultera l'ouvrage d'A. Coffa, *The Semantic Tradition, op. cit.*, p. 9 *sq.*

concept est plus précisément une représentation générale, c'est-à-dire une représentation sous laquelle tombent plus d'un objet et qui peut tenir le rôle de prédicat dans une proposition catégorique. Kant oppose aux concepts un autre genre de représentation : les intuitions. Ces dernières sont les représentations singulières issues typiquement de nos sensations et par lesquelles, selon Kant, les objets nous sont donnés. Les intuitions ne jouent aucun rôle dans les connaissances analytiques et nous les laissons de côté pour le moment.

Bien qu'on puisse se disputer sur l'origine historique exacte de la théorie décompositionnelle de l'analyse, l'idée qu'il existe entre les concepts des relations d'inclusion qui déterminent (une grande partie, sinon toutes) leurs propriétés logiques est généralement attribuée à Antoine Arnauld et Pierre Nicole dans leur *Art de penser*, c'est-à-dire la célèbre *Logique* de Port Royal [1]. Arnauld et Nicole nomment « compréhension de A » l'ensemble des concepts que A contient ou que A « enferme en soi » [2]. Plusieurs auteurs, Kant (et comme nous le verrons Bolzano) parmi eux, utilisent quant à eux le terme « contenu » (*Inhalt*) pour parler de l'ensemble formé par les composantes d'un concept et c'est celui que nous retiendrons. L'idée que les concepts ont un contenu est la pierre de touche de la théorie décompositionnelle de l'analyse conceptuelle.

Dans ses écrits dits « précritiques », Kant discute et endosse en fait explicitement la théorie décompositionnelle de l'analyse qu'on retrouve chez ses prédécesseurs immédiats. Dans le passage de la *Critique de la raison pure* que nous

---

1. *Cf.* W. Kneale et M. Kneale, *The Developement of Logic*, Oxford, Clarendon Press, 1962, p. 315.

2. *Cf.* A. Arnauld et P. Nicole, *La logique ou l'art de penser*, Paris, Vrin, 1993, p. 59.

citons, les remarques qui concernent l'analyticité renvoient elles aussi plus ou moins implicitement à cette théorie. Si on suit la conception décompositionnelle, l'analyse conceptuelle a pour but d'établir le contenu d'un concept et on établit (complètement) le contenu d'un concept lorsqu'on le décompose, c'est-à-dire lorsqu'on établit la liste de (toutes) les composantes qu'il contient (*Critique de la raison pure*, B755). L'idée que les propriétés logiques d'un concept sont tributaires (des propriétés) de ses composantes, c'est-à-dire des concepts qu'il comprend suscite assez naturellement l'idée qu'on saisit ou qu'on comprend (adéquatement) un concept lorsqu'on connaît (toutes) les composantes dont il est formé. Si on suit Kant, pour connaître un concept, il faut connaître ses composantes et donc pouvoir le décomposer.

Mais comment parvient-on effectivement à identifier les composantes d'un concept? Il s'agit certes d'une question cruciale pour bien comprendre ce en quoi consiste la conception décompositionnelle de l'analyse. Bolzano, qui s'est penché en détail sur cette question et qui y consacre plusieurs pages propose une réponse plausible. Selon Bolzano, la conception décompositionnelle de l'analyse repose implicitement sur l'idée que les composantes des concepts sont des représentations des propriétés (essentielles) des objets. Par exemple, si *être rationnel* et *être animal* sont des propriétés (essentielles) des hommes, comme on le suppose traditionnellement, alors le concept de rationalité et celui d'animalité sont inclus dans le concept d'humanité. Lorsqu'on décompose le concept d'humanité, on y trouve ces deux concepts. Ils font donc partie de son analyse ou définition. Selon Bolzano, le tenant d'une théorie décompositionnelle souscrit donc implicitement à l'idée que la liste $\{\beta_1 \& \ldots \& \beta_n\}$ des composantes d'un concept α est déterminée par l'application d'une règle du type suivant[1] :

> (M) Si β₁ & … & βₙ sont des propriétés (essentielles) de α, alors les concepts de β₁ & … & βₙ sont contenus dans le concept de α, c'est-à-dire que $\alpha = \{\beta_1 \& \ldots \& \beta_n\}$.

(M) donne généralement un résultat avec lequel les tenants de la théorie décompositionnelle seraient d'accord – la question de savoir si on ne doit prendre en compte que les propriétés essentielles ou toutes les propriétés les divisant toutefois en deux camps.

(M) est, d'une manière plus générale, un des éléments d'une explication possible – Bolzano quant à lui dira, comme nous le verrons dans ce qui suit : inacceptable – de la relation entre les concepts et les objets. (M) suppose que la structure des (composantes dans les) concepts est d'une manière systématique quelconque analogue à la structure des (propriétés dans les) objets. En particulier, quiconque a recours à l'idée que les concepts sont les « images » des objets qu'ils représentent et croit que le fait qu'ils en soient les images explique comment ils représentent ces objets souscrira – implicitement ou non – à une thèse identique ou semblable à celle que (M) exprime. Bien qu'il ne s'explique pas sur cette question dans la *Critique* – il le fait toutefois dans des écrits antérieurs – on peut supposer que Kant, tout comme ces prédécesseurs immédiats, croyaient que les concepts sont des images de la réalité. Comme Alberto Coffa l'explique :

> Pour Meier, l'auteur du manuel de logique dont Kant se servait dans plusieurs de ses cours sur la question, les représentation

---

1. Je modernise ici l'inteprétation de Bolzano, mais on en retrouve l'idée aux sections § 63 et 64 de la *Wissenschaftslehre*, Sulzbach, Seidel, 1837.

> sont des « tableaux ou images » (*Gemälde oder Bilder*) des choses que nous nous représentons à nous-mêmes (*wir uns vorstellen*) (1991, p. 9).

Aussi, on a de bonnes raisons de croire que comme la plupart des avocats de la théorie décompositionnelle de l'analyse, Kant souscrit implicitement à (M) – ou souscrit au moins à une thèse fort semblable. Si c'est le cas, on peut se demander si Kant a une conception déterminée de la manière dont les composantes sont liées dans un concept. (M) n'implique rien en ce qui concerne la structure du contenu conceptuel. Les concepts sont-ils donc des ensembles non ordonnés de composantes ? La position de Kant sur cette question n'est pas claire. Dans certains passages, il semble suggérer que le « divers » des représentations est structuré, en l'occurrence comme les objets dont le concept est une image. Il écrit par exemple :

> La représentation est composée de ses parties conceptuelles de la même manière dont la chose représentée entière est composée de ses parties. Tout comme, par exemple, on peut dire que les notes d'un morceau de musique sont une représentation de la connexion harmonique des tons, non pas parce chaque note est similaire à chaque ton mais parce que les notes sont connectées ensemble comme le sont les tons eux-mêmes (Ak 16, p. 78).

Mais il n'est pas certain que Kant ait eu l'intention de poursuivre l'analogie : lorsque Kant discute les conditions d'une analyse adéquate, il ne fait aucune mention de la structure possible des composantes (cf. *Logique*, § 104, *Critique de la raison pure*, B755).

Décomposition et « division »

La théorie décompositionnelle de l'analyse est le point de convergence d'un ensemble de doctrines traditionnelles.

L'idée d'inclusion entre concepts est dans tous les cas aussi au moins en partie liée à deux autres présupposés qui appartiennent aux théories logiques classiques : 1) le canon de la relation inverse entre le contenu et l'extension d'un concept et 2) la méthode définitionnelle classique de la division. Comme nous l'avons vu, chez Kant comme chez les autres avocats de la théorie décompositionnelle les concepts ont un contenu, à savoir l'ensemble de leurs composantes. Or, ils ont aussi une « extension » : l'ensemble des objets qu'ils dénotent ou auxquels ils renvoient. Les notions de contenu et d'extension furent à l'origine introduites en conjonction avec le postulat qu'il existe entre les deux une relation systématique, ce qu'on appelle le « canon de la relation de proportion inverse entre le contenu et l'extension ». C'est, encore une fois, à Arnaud et Nicole qu'on doit la première formulation explicite de l'idée qu'il existe une relation systématique entre le contenu (ce qu'ils nomment, comme nous l'avons vu, la « compréhension ») et l'extension (ce qu'ils nomment en l'occurrence « étendue ») d'un concept. Les prédécesseurs immédiats de Kant, Leibniz, Wolff et Lambert, souscrivent aussi à cette idée et, dans la *Logique* de Kant (§ 7), on lit :

> Chaque concept, en tant qu'il est composante, est contenu dans la représentation des choses ; en tant qu'il est [...] caractère, ces choses tombent sous lui. – Au égard au premier, chaque concept a un contenu, eu égard au second, il a une extension. Le contenu et l'extension d'un concept se tiennent l'un par rapport à l'autre dans une relation inverse. À savoir : plus un concept comprend [de choses dans son extension], moins il inclut [de composantes dans son contenu] et réciproquement.

Bien que la formulation originale, telle qu'on la retrouve chez Arnaud et Nicole, ne fasse pas un usage explicite de l'idée

d'une « relation inverse » ou de la notion d'une relation de
type : « plus l'extension est grande, plus le contenu sera
petit », l'idée d'une relation inversement proportionnelle est
néanmoins parfaitement discernable. La *Logique* de Port-
Royal permet en outre d'établir un lien entre, d'une part,
l'explication de ce en quoi consiste le contenu, l'extension et
leur relation et, d'autre part, l'idée qu'un concept appartient
toujours à une « chaîne conceptuelle » et donc aussi à une
« hiérarchie conceptuelle ». L'explication de ce en quoi
consiste le contenu et l'extension d'un concept à la fin du
chapitre IV fait appel aux notions de « supériorité » et d'« infé-
riorité » des concepts – nous y reviendrons – et le recours à ces
deux notions renvoie directement à l'idée de hiérarchie
conceptuelle. Ils écrivent :

> Or dans ces abstractions on voit toûjours que le degré inferieur
> comprend le supérieur avec quelque détermination particulière
> […] ; mais que le degré supérieur étant moins déterminé peu
> représenter plus de choses [1].

Par ailleurs, et c'est ici qu'entre en jeu le second
présupposé traditionnel, la procédure par laquelle on obtient
une hiérarchie conceptuelle est la « méthode de la division » [2].
Cette méthode définitionnelle qui remonte à Platon fut popu-
larisée par Porphyre, un commentateur d'Aristote du IIIe siècle
bien connu pour ses classifications – les fameux « arbres de
Porphyre ».

La méthode de la division consiste à définir des classes
d'objets en commençant par une classe très générale et en la
divisant en deux (ou plusieurs) classes plus petites et mutuelle-

---

1. Arnauld et Nicole, *La logique...*, *op. cit.*, p. 57.
2. Arnauld et Nicole, *La logique...*, *op. cit.*, p. 59 *sq.*

ment exclusives[1]. Par exemple (celui, légèrement modifié, d'Arnaud et Nicole) :

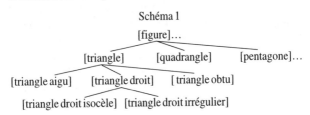

Schéma 1

[figure]…

[triangle]   [quadrangle]   [pentagone]…

[triangle aigu]   [triangle droit]   [triangle obtu]

[triangle droit isocèle]   [triangle droit irrégulier]

Une chaîne conceptuelle est toute partie d'une hiérarchie conceptuelle – le caractère hiérarchique ou « à niveaux » du résultat de la division est bien visible dans l'exemple précédent – qui consiste en des concepts qui sont subordonnés. On dit du concept A qu'il est subordonné au concept B lorsque, pour tout objet x, si x fait partie de l'ensemble des A, il fait aussi partie de l'ensemble des B – ou, ce qui revient au même, l'extension du concept A est contenue dans l'extension du concept B. Dans la hiérarchie partielle précédente, « triangle droit » est subordonné à « triangle », « triangle » à « figure », etc. … : l'extension du premier est comprise dans celle du second. Lorsqu'un concept est subordonné à un autre concept, on appelle le premier l'espèce et le second le genre. Les notions de genre et d'espèce sont relatives : tout concept (sauf, pour des raisons évidentes, ceux qui sont tout en haut ou tout en bas d'une hiérarchie conceptuelle) peut tour à tour être genre et espèce selon la position qu'il occupe dans la chaîne conceptuelle en considération. Deux espèces qui sont subordonnées au même genre se distinguent l'une de l'autre en vertu d'une propriété déterminée, ce qu'on appelle traditionnellement la

---

1. *Cf.* R. Blanché et J. Dubucs, *La logique et son histoire*, Paris, Armand Colin, 1970, p. 124.

« différence spécifique ». La propriété d'avoir un angle droit est ce qui distingue l'espèce des triangles droits par rapport aux autres espèces de triangles qui tombent sous le même genre. Cette propriété est donc leur différence spécifique. C'est en ce sens qu'on doit comprendre l'idée traditionnelle que l'on donne la définition d'un triangle droit lorsqu'on donne son genre prochain, en l'occurrence, le fait d'être une surface plane fermée à trois angles et sa différence spécifique, à savoir la propriété d'avoir un angle droit.

À la lumière de ce qui précède, il n'est pas difficile de comprendre comment le fait d'avoir recours – même de manière implicite et plus ou moins clandestine, comme chez Arnaud et Nicole et la plupart de ceux qui reprennent leur théorie – à la méthode de la division et aux hiérarchies conceptuelles entraîne l'idée que le concept défini doit être « plus complexe » que ceux qui sont utilisés pour le définir – ses « composantes » – et que les composantes d'un concept peuvent toutes être décomposées en concepts « originaires » absolument simples. Si le concept d'un triangle est composé des concepts de figure et de celui d'avoir trois angles, ces concepts doivent, en retour, être plus simples que celui qu'ils composent ensemble, et ainsi de suite pour tout concept qui se situe dans la même chaîne. Or, c'est ce raisonnement qui mène à la règle qu'Arnauld et Nicole cherchent à formuler pour la première fois de manière systématique lorsqu'ils affirment que si deux concepts sont situés à des niveaux différents d'une même chaîne alors : 1) du point de vue de l'extension, le concept « supérieur » a plus d'objets que le concept « inférieur » puisque tombent sous lui tous les objets qui appartiennent à toutes les espèces qui lui sont subordonnées ; 2) du point de vue du contenu, le concept « inférieur » contient le concept « supérieur » et est donc plus complexe.

L'analyse (complète) est-elle possible ?

Les explications qui précèdent nous permettent de mieux comprendre d'où vient la conception décompositionnelle de l'analyse et ce qu'elle présuppose. Ce que Kant dit effectivement dans la *Critique* en réponse à la question de savoir comment il se fait qu'un concept contient les composantes qu'il contient fait toutefois appel à des considérations épistémologiques additionnelles d'une espèce entièrement nouvelle. Au moment où il écrit la *Critique de la raison pure*, et bien qu'il retienne, pour définir les jugements analytiques, les idées d'inclusion et de décomposition et donc, implicitement, au moins en partie l'appareil théorique qu'elles présupposent, Kant espère pouvoir faire rupture avec ses prédécesseurs en proposant une nouvelle explication des processus cognitifs – la formation de concept, par exemple – qui sous-tendent la connaissance. En particulier, pour rendre compte de la manière dont certains concepts sont composés de concepts simples, Kant a recours à l'idée d'une « synthèse de l'aperception »[1]. Pour le Kant de la première *Critique*, nos concepts, qu'ils soient empiriques ou *a priori*, sont tous le résultat d'une synthèse, c'est-à-dire d'une « fonction aveugle mais indispensable de notre âme » qui a pour but de « réunir les éléments d'une cognition et de les unifier dans un certain contenu ». Les éléments cognitifs dont Kant parle ici sont les composantes qu'on retrouve dans nos concepts. Il n'est pas nécessaire d'entrer ici dans le détail de l'exposition kantienne. Il s'agit simplement de noter que, pour Kant, d'une part, l'analyse présuppose cet acte de synthèse « originaire » : en l'absence

---

1. La théorie kantienne de l'aperception transcendantale a pour but d'expliquer ce qui rend possible cette synthèse. Nous renvoyons le lecteur à la *Critique de la raison pure*, p. B102 *sq.*

d'un tel acte de synthèse, il n'y aurait pas composition et donc rien à décomposer. D'autre part, le fait que cette synthèse originaire soit supposément aveugle fait en sorte que les cognitions qu'elle nous livre sont, selon Kant, « grossières et confuses ». Par conséquent, Kant considère que les procédures analytiques présentent un intérêt en fin de compte plutôt minime et qu'elles sont dans tous les cas problématiques. En particulier, selon Kant, la confusion ne peut jamais être éliminée. Dans le cas des concepts empiriques (ceux dont la formation repose en partie sur notre interaction avec le monde sensible), cette impossibilité est la conséquence de la constitution même de notre appareil cognitif : nous sommes faits de telle manière que nous incluons tantôt plus, tantôt moins de caractères dans le concept que nous désignons par un certain mot [1]. Cette variabilité est le résultat, selon Kant, du fait que nous pouvons nous servir d'un concept, c'est-à-dire d'un ensemble de caractères déterminés, à chaque fois qu'ils sont suffisants pour distinguer entre les objets (c'est-à-dire, dans des termes plus contemporains, pour fixer la référence). Différents agents ayant différents historiques psycho-cognitifs peuvent donc se servir de différents ensembles de composantes pour penser, par exemple, la même maison. Un même agent peut aussi lier avec le mot « maison » un concept qui varie d'une occasion à l'autre : de nouvelles observations peuvent nous mener à ajouter de nouvelles composantes ou à en abandonner, la seule restriction (pragmatique) étant que les composantes dont nous nous servons remplissent leur tâche discriminative [2].

Dans le cas des concepts *a priori*, l'impossibilité semble toutefois due à un autre type de défaut cognitif. Kant écrit :

---

1. *Cf.* Kant, *Critique de la raison pure*, B755.
2. Kant, *Critique de la raison pure*, B756.

> Je ne peux jamais être certain que la représentation distincte
> d'un certain concept (encore confus) a été développée de
> manière exhaustive à moins que je sache qu'elle est adéquate à
> son objet. Mais étant donné que le concept de ce dernier, tel
> qu'il est donné, peut contenir des représentations obscures que
> nous omettons dans notre analyse […] l'exhaustivité de l'ana-
> lyse de mon concept est toujours douteuse, et ne peut jamais
> qu'être rendue probable […][1].

Dans ce passage, Kant explique que les définitions
purement analytiques (qui procèdent par décomposition), et
donc purement *a priori*, sont impossibles parce qu'il est
toujours possible que certaines des composantes de ces
concepts se dérobent à notre conscience, soit parce qu'elles
demeurent « obscures » soit parce que nous les omettons
entièrement. Ce passage est intéressant si ce n'est que parce
que Kant semble ici nier la thèse selon laquelle nous avons un
accès privilégié à nos concepts, même lorsqu'ils sont *a priori*,
qui nous permettrait d'en avoir une connaissance distincte et
certaine (voir la dernière section de la première partie). Kant
recommande par conséquent qu'on tienne toutes les définitions analytiques pour incertaines[2]. Il semble que, pour Kant,
bien que les propositions analytiques, si elles sont connues,
le soient toujours *a priori*, le fait qu'une proposition soit
analytique ne garantit pas qu'il soit aussi possible de la
connaître et même, au contraire, qu'étant donné notre constitution cognitive, de telles connaissances doivent systématiquement rester obscures. Il n'est donc pas étonnant, vu cette
conséquence de sa théorie de l'analyticité, que Kant ait cru bon
de chercher à montrer que les connaissances que nous livrent

---

1. Kant, *Critique de la raison pure*, B756.
2. Kant, *Critique de la raison pure*, B758.

les sciences comme l'arithmétique et la géométrie, entre autres, ne sont pas de cette espèce.

Analyticité, identité et contradiction

Quel est le rapport entre (M) et l'idée kantienne qu'on rencontre dans le passage cité et qu'on retrouve à divers autres endroits selon laquelle, dans une proposition analytique, le sujet et le prédicat sont «pensés avec identité». Quel est encore son rapport avec la thèse selon laquelle, si une proposition est analytique, on peut la connaître de manière suffisante sur la base du principe de contradiction? Selon Kant, une proposition analytique dont on a décomposé le concept-sujet en ses parties simples a toujours la forme suivante :

$$(PI) \; \{\beta_1 \; \& \; \ldots \; \& \; \beta_n\}_\alpha \; \text{est} \; \beta.$$

Traditionnellement, on dit de propositions qui ont cette forme qu'elles sont «conformes» au principe d'identité, elles sont des instances de la forme logique (PI). Kant réfère à ce principe à divers endroits dans ses écrits pré-critiques [1]. Toute instance de (PI) est analytique au sens de Kant et, en fait, seules les instances de (PI) sont, pour Kant, analytiques. Penser les concepts qui forment un jugement «avec identité» semble donc n'être pas autre chose que de penser une instance du principe d'identité (PI).

Comme nous l'avons vu, Kant fait aussi appel à l'idée qu'on peut connaître les propositions analytiques sur la base du principe de contradiction. Il est utile d'avoir (PI) à l'esprit pour bien comprendre l'idée de Kant selon laquelle la vérité des propositions analytiques peut être établie sur la base du principe de contradiction. Ce que Kant veut dire, peut en effet

---

1. Par exemple, dans son essai sur les grandeurs négatives (1763), A68.

être formulé de la manière suivante. Pour démontrer la vérité d'un jugement analytique ou, ce qui revient au même, d'une instance de (PI), il est suffisant d'établir, par le moyen d'une preuve indirecte, que sa négation mène à une absurdité. Or si on nie une instance de (PI) on obtient une proposition de la forme suivante :

(PC) $\{\beta_1 \& \ldots \& \beta_n\}$ n'est pas β_1

et (PC) est une instance d'une contradiction.

Il existe au moins une autre interprétation bien connue du passage où Kant affirme que le principe des jugements analytiques est le principe de contradiction[1]. Cette dernière consiste à dire que Kant semble supposer que tout jugement analytique est tel que sa négation implique une conjonction de contradictoires et est donc nécessairement fausse. En effet, la négation d'une instance de (PI) a toujours la forme (PC), et de (PC) on peut dériver une conjonction de contradictoires, à savoir « α est β_1 » et « α n'est pas β_1 ».

L'épistémologie kantienne des mathématiques : quel rôle pour l'analyticité ?

Comme nous l'avons vu dans la première partie de l'ouvrage, selon une certaine interprétation, la thèse kantienne selon laquelle la vérité des propositions mathématiques repose sur une intuition pure et que ces dernières ne sont donc pas analytiques – contrairement à ce que Leibniz, par exemple, supposait – fut vivement critiquée par certains philosophes. C'est précisément parce que son critère d'analyticité repose sur la théorie décompositionnelle que Kant est forcé de dire que les propositions arithmétiques ne sont pas analytiques. En

---

1. *Cf.* Kneale et Kneale, *The Development of Logic, op. cit.*, p. 357.

particulier, les propositions comme « 2+2 = 4 » ou « n+n = 2n » ne sont pas de la forme sujet-verbe-prédicat et ne sont donc pas telles que leur sujet est inclus dans le prédicat. Elles ne sont donc pas analytiques en ce sens. Mais pourquoi Kant en a-t-il conclut que les propositions arithmétiques ne sont analytiques en aucun sens ? Pourquoi Kant n'a-t-il pas bien plutôt tenté de *redéfinir l'analyticité*. Plus généralement, pourquoi Kant, n'a-t-il pas tenté de réformer la logique – qu'il reconnaît lui-même comme largement insatisfaisante – sur laquelle s'appuie cette notion d'analyticité ?

La réponse à cette dernière question est liée au rôle qui échoit à la logique dans la théorie kantienne de la connaissance. Kant se penche sur cette question, entre autre, dans la section de la *Critique* intitulée *De la méthode transcendantale*. Dans cette section, il est principalement question de la nature de la démonstration en science et, en particulier, en mathématique. Kant, comme plusieurs de ses contemporains, est d'avis que c'est en géométrie qu'on retrouve les meilleurs types de démonstrations et que c'est donc cette discipline qui en fournit le paradigme. Il faut donc, selon Kant, pénétrer les mécanismes de cette méthode – il parle plus généralement de la « méthode mathématique » – et en généraliser les principes aux autres sciences si ces dernières doivent avoir le même degré de certitude. L'une des questions qui se posent pour Kant est, à cet égard, celle de savoir à quelle discipline appartient la tâche d'identifier et de systématiser les règles qui sont utilisées en géométrie. En d'autres termes, il s'agit de déterminer vers quelle discipline le mathématicien doit se tourner pour parvenir à une théorie de ce en quoi consiste une démonstration adéquate ? On s'entend habituellement pour dire que la tâche de fournir une théorie de la preuve qui soit adaptée aux pratiques mathématiques revient, au moins en partie, à la logique formelle, ce que Kant nomme la « logique pure »[1]. Or, Kant croit au contraire que cette tâche ne peut être remplie uniquement par la logique dans ce sens traditionnel.

La logique que Kant avait à sa disposition pose effectivement plusieurs problèmes lorsqu'il s'agit, par exemple, de déduire les théorèmes géométriques de leurs axiomes. Kant a donc raison de croire – car c'est ce qui explique manifestement la réforme de l'épistémologie des mathématiques qu'il propose – que la logique pure n'est pas en mesure de livrer une théorie satisfaisante de la justification et de la démonstration pour la géométrie et les autres sciences *a priori*. En particulier, indépendamment des problèmes inhérents à la géométrie de l'époque, la syllogistique que Kant a à sa disposition ne reflètent effectivement pas la complexité des procédures déductives en mathématiques (ou dans quelque discipline que ce soit). Ce n'est qu'au tournant du XXe siècle que la logique formelle connaîtra l'époque de renouveau qui conduira au degré de sophistication et de richesse des systèmes formels contemporains et à la possibilité d'une axiomatisation complète des théories mathématiques. Or Kant, parce qu'il croit aussi, à tort, que la logique telle qu'il en dispose n'est pas susceptible de développements significatifs, qu'elle est « close et achevée »[2], se convainc rapidement qu'une autre discipline – entièrement nouvelle – doit avoir pour tâche d'établir les principes de la connaissance dans les sciences *a priori* comme les mathématiques. Cette discipline, selon Kant, est la *logique transcendantale* qui repose quant à elle sur sa fameuse théorie de l'intuition pure.

1. Kant, *Critique de la raison pure*, B77.
2. Kant, *Critique de la raison pure*, B VIII.

Ce raisonnement n'est néanmoins pas concluant. Le fait que Kant pense que des propositions comme « 2+2 = 4 » ne sont pas analytiques est au moins en partie tributaire du fait que *sa* conception de ce en quoi consistent la logique et l'analyticité est obsolète – et si la remarque est anachronique, elle n'en est pas moins juste. Par conséquent il est intéressant de noter, et cela est quelque peu paradoxal, que la logique transcendantale que développe Kant, est en grande partie inspirée par les mêmes principes logiques inadéquats qui forcent Kant à dénier à la logique un rôle de fondement eu égard à nos connaissances *a priori*. Par exemple, Kant considère trois types d'erreur de raisonnement qu'il nomme « raisonnements dialectiques » : les paralogismes, les antinomies et l'Idéal de la raison pure. Cette classification se fonde toutefois explicitement sur l'idée qu'il y a trois types de syllogismes : catégoriques, hypothétiques et disjonctifs. Or cette classification des raisonnements syllogistiques et l'idée sous-jacente selon laquelle la syllogistique épuise la théorie de l'inférence sont erronées et ce que Kant dit sur les raisonnements fallacieux est par là largement compromis.

Comme nous le verrons, Bolzano apporte une réponse différente à la question de savoir quel est le rôle de la logique au sein de la théorie de la connaissance. Pour Bolzano, dans la mesure où l'insuffisance des preuves en mathématique est au moins en partie le résultat d'un défaut de la procédure logique disponible, il s'agissait bien plutôt de « réparer » cette dernière, c'est-à-dire de réformer la logique. C'est cette solution que privilégieront aussi virtuellement tous les philosophes analytiques – même ceux qui sont d'accord avec Kant sur certaines autres questions – et, comme nous le verrons, ces derniers ne feront à cet égard que reprendre l'exemple de Bolzano.

TEXTE 2

Bernard Bolzano
Théorie de la science, § 147-148 *

« Le concept de validité d'une proposition » (*extraits*)

Qu'on peut diviser les propositions en *vraies* et non-vraies, ce qu'on appelle aussi propositions *fausses*, cela est si bien connu et on l'a également si souvent présupposé dans le présent ouvrage que nous pouvons ici nous contenter de le mentionner. Il est cependant indéniable que toute proposition ne peut jamais être que l'un des deux et ce de manière constante, soit qu'elle est vraie, et ce pour toujours, soit fausse, et ce également pour toujours (§ 125) ; c'est, sinon, qu'on *fait varier* quelque chose en elle et donc qu'on ne considère plus cette dernière mais bien plutôt une autre à sa place. Cela, on le fait souvent sans même en être conscient ; et c'est précisément là l'une des causes de l'illusion qu'une proposition peut être tantôt vraie, tantôt fausse. […] Mais s'il nous arrive effectivement souvent de considérer sans en prendre clairement

---

* *Wissenschaftslehre*, vol. 2, Sulzbach, Seidel, 1837, p. 77-89. Traduction originale par Sandra Lapointe ; la *Wissenschaftslehre* – à laquelle on se réfère généralement sous le titre *Théorie de la science* – n'est pas encore traduite en français.

conscience que certaines représentations dans une proposition donnée sont variables […] ne vaudrait-il pas alors la peine de le faire de manière clairement consciente et dans le but délibéré de connaître encore plus exactement la nature d'une proposition donnée par l'examen du comportement de cette dernière eu égard à la vérité ? Qu'on considère, en l'occurrence, en rapport à une proposition, non pas seulement si elle est vraie ou si elle est fausse, mais bien plutôt aussi comment se comportent, eu égard à la vérité, toutes les propositions qu'on peut en tirer lorsqu'on considère certaines représentations qu'on trouve en elle comme variables et qu'on se permet de les échanger pour d'autres représentations quelles qu'elles soient. Ne sommes-nous pas alors conduits à la découverte de plusieurs propriétés fort remarquables des propositions. Si, par exemple, dans la propositions : « L'homme Caius est mortel », on considère la représentation Caius comme arbitrairement variable et, partant, qu'on met à sa place quelle qu'autre représentation qu'on voudra, par exemple, Sempronius, Titus, rose, triangle, etc. : il se montre alors ceci de remarquable que les nouvelles propositions qui sont produites sont toutes vraies, pour autant qu'elles ont l'objectualité, c'est-à-dire pour autant que la représentation qui forme en elle la base [la représentation-sujet] soit une représentation objectuelle. […]

« Propositions analytiques et synthétiques » (*extraits*)

1) Il découle de la section précédente qu'il y a des propositions qui, lorsqu'on considère certaines de leurs parties comme variables, sont vraies ou fausses d'après leur espèce entière. Mais la proposition à qui revient cette propriété lorsqu'on considère les représentations i, j, … comme variables ne la conserve pas pour autant lorsque les représentations qu'on suppose variables sont différentes ou qu'elles sont

plus nombreuses. En particulier, on comprend facilement qu'aucune proposition ne peut être ainsi construite qu'elle garderait la propriété dont il est question si nous considérions comme variables *toutes* les représentations dont elle est composée. Car si nous pouvions échanger arbitrairement toutes les représentations qui se trouvent dans une proposition, nous pourrions convertir cette dernière en n'importe quelle autre et, par conséquent, tantôt en faire une proposition vraie, tantôt une fausse. Mais lorsque, dans une proposition, il y a même une *seule* représentation qui peut être modifiée de manière arbitraire sans que cela n'affecte la vérité ou la fausseté de cette dernière, c'est-à-dire lorsque toutes les propositions qui sont produites par l'échange de cette représentations avec quelles qu'autres que ce soient sont, soit toutes vraies, soit toutes fausses, à supposer qu'elles aient aussi l'objectualité, alors cette propriété qu'a cette proposition est suffisamment remarquable pour qu'on distingue cette dernière de toutes celles qui ne l'ont pas. Je me permets de nommer, empruntant l'expression à Kant, *analytiques* les propositions de cette espèce; *synthétiques*, par contre, toutes celles qui ne contiennent aucune représentation qui puisse être modifiée sans que cela n'affecte leur vérité ou leur fausseté. Je dis donc, par exemple, des propositions : « Un homme qui est moralement mauvais ne mérite pas qu'on l'estime » et : « Un homme qui est moralement mauvais, jouit d'une félicité constante » qu'il s'agit d'une paire de propositions analytiques, car il y a dans chacune une certaine représentation, en l'occurrence la représentation homme qu'on peut échanger avec n'importe quelle autre, par exemple, ange, être, etc. de telle sorte que la première (pour autant qu'elle ait l'objectualité) reste toujours vraie et la seconde toujours fausse. Par contre, dans des propositions comme : « Dieu est omniscient », « Un triangle a deux angles droits », je ne saurais relever une seule représentation *ment* analytiques ou analytique au sens *étroit*; celles de l'alinéa 1, par contre, analytique au sens *large*.

Remarque 1. Il faut souvent plus qu'une inspection furtive des mots pour pouvoir juger si l'expression linguistique d'une proposition donnée est analytique ou synthétique. Une proposition peut être analytique, voire même logiquement analytique sans que son expression verbale ne le montre immédiatement ; et à l'inverse, une proposition qui, d'après sa formulation, semble être une proposition analytique et même identique peut fort bien, d'après son sens, être synthétique. On pourrait ainsi ne pas reconnaître immédiatement que la proposition « Tout effet a une cause » est identique ou, en tout cas, analytique. Car étant donné qu'on n'entend jamais par un effet que quelque chose qui est causé par autre chose et qu'on comprend par l'expression : « avoir une cause », la même chose que : « être causé par autre chose », cette proposition n'a effectivement d'autre sens que : « Ce qui est causé par autre chose est causé par autre chose ». […]

Remarque 4. La distinction que je pose ici entre propositions analytiques et synthétiques était déjà *grosso modo* connue des logiciens de l'Antiquité. […] Cependant, bien qu'il soit vrai qu'on a, dans le passé, parfois traité de cette distinction, elle n'a nulle part été définie de manière appropriée et n'a nulle part été appliquée de manière fructueuse. C'est incontestablement à Kant que revient le mérite d'avoir fait cela le premier. Néanmoins, les explications qu'on donne de cette distinction, que ce soient celles qu'on retrouve dans les écrits de Kant ou ailleurs, ne me semblent pas être suffisamment rigoureuses d'un point de vue logique. Lorsqu'on lit, par exemple, dans la *Logique* de Kant (§ 36) : les propositions analytiques sont celles dont la certitude repose sur l'identité du concept du prédicat avec la notion du sujet; cela convient tout au plus aux propositions identiques. Dit-on encore, comme c'est le cas dans la *Critique de la raison pure* (*Introduction*, § 4), que dans une proposition analytique, le prédicat est compris (de manière cachée) dans le sujet, ou qu'il ne repose pas en dehors de ce dernier, ou qu'il s'y trouve déjà comme composante […]; ce sont là tantôt des expressions métaphoriques, qui n'analysent pas le concept qu'il s'agit de définir, tantôt des expressions qui peuvent être interprétées de manière trop large. Car on peut affirmer tout ce qui vient d'être dit, à savoir que la représentation-prédicat n'est rien d'autre que la répétition d'une des composantes de la représentation-sujet, est comprise, repose, est pensée, etc, en elle, de propositions que personne ne prétendra analytiques, comme par exemple : « Le père d'Alexandre, roi de Macédoine, était roi de Macédoine »; « Un triangle congru à un triangle équiangle est équiangle », etc. […] En général, il me semble que toutes ces explications n'insistent pas suffisamment sur ce qui fait *l'importance* de cette espèce de propositions. À mon avis, cette dernière consiste en ceci que leur vérité ou fausseté ne dépend pas des représentations individuelles dont elles sont composées mais reste la même quelles que soient les modifications qu'on leur fait subir, à supposer seulement que cela ne détruit pas l'objectualité de la proposition elle-même. J'offre pour cette raison la définition précédente, bien que je sache qu'elle donne un concept de ces propositions qui est un peu plus large que celui qui est habituellement pensé. Car on ne compte pas au rang des propositions analytiques les propositions introduites à l'alinéa 1. Je considère aussi qu'il est utile de comprendre ces deux concepts, celui de l'analytique comme celui du synthétique, de manière assez large qu'ils dénotent non seulement les propositions vraies, mais aussi les propositions fausses […].

COMMENTAIRE

La théorie de la « proposition en soi »

Dans la théorie bolzanienne, l'usage du terme « proposition » n'est pas anodin et diffère substantiellement de celui qu'en font ses prédécesseurs, Kant en particulier. Bolzano utilise « proposition » (*Satz*), pour faire court, lorsqu'il réfère à ce qu'il appelle aussi « propositions objectives » (*objective Sätze*) ou « en soi » (*Sätze an sich*). Il les distingue minutieusement des jugements (les croyances, dans la terminologie contemporaine), des entités psychologiques, et des énoncés qui sont, quant à eux, des entités linguistiques. Bolzano explique que, contrairement aux jugements et aux énoncés, les propositions sont des entités objectives (elles ne sont pas quelque chose de subjectif) qui existent de manière abstraite. Les propositions ne sont pas réelles (*wirklich*) : elles ne sont pas causées et ne peuvent causer (*wirken*) quoi que ce soit. Leur existence est, pour cette raison, indépendante du fait que quelqu'un les pense ou les énonce. Bolzano dit des propositions qu'elles forment le sens (*Sinn*) des énoncés[1] et qu'elles correspondent à ce qui est pensé dans un jugement[2]. Elles sont ce dont on peut prédiquer la vérité ou la fausseté au sens strict – elles sont, en

1. Bolzano, *Wissenschaftslehre*, § 28 et 148, note 4.
2. *Ibid.*, § 34.

d'autres termes, les porteurs primitifs de la vérité ou de la fausseté. Selon Bolzano, un énoncé, s'il est vrai, est vrai de manière dérivée, en vertu de la proposition qu'il exprime. De la même manière, un jugement est vrai parce que la proposition qu'il saisit et qui forme son contenu objectif est vraie. Bolzano utilise le terme « vérité » pour faire court, lorsqu'il veut parler d'une proposition vraie.

Dans les théories contemporaines, on nomme « réalisme sémantique » ou « platonisme » la thèse selon laquelle les porteurs de vérité primitifs sont des entités abstraites de l'espèce des propositions bolzaniennes. Dans la foulée de Frege chez qui on retrouve une expression du réalisme sémantique largement similaire à celle de Bolzano, plusieurs philosophes analytiques de la première moitié du XXe siècle supposent, sous des noms divers, des entités de l'espèce des propositions en soi bolzaniennes. Dans la littérature contemporaine (anglophone et francophone), on utilise le plus souvent l'expression « proposition » pour référer à ces dernières. Bien que la notion de proposition ait été remise en cause – c'est précisément contre le réalisme sémantique de ce type que se dresse, par exemple, la critique quinienne de l'analyticité – dans le contexte historique, l'introduction de cette notion permit d'effectuer une série de distinctions et de définitions inestimables qui coïncident avec certains des progrès les plus importants de la logique à la fin du XIXe et au début du XXe siècles.

La distinction entre la proposition et le jugement est ce qui rend possible l'argument antipsychologiste qu'adopteront plusieurs philosophes analytiques à la suite de Bolzano, Frege et Husserl [1]. La position psychologiste, chez John Stuart Mill par exemple, repose sur l'idée que puisque des prestations mentales du type des croyances et des connaissances sous-tendent toujours les pratiques inférentielles des agents cognitifs – ce sur quoi Mill a entièrement raison – la discipline qui a pour but de fournir une théorie de l'inférence est néces-sairement dépendante sinon identique à la psychologie, qui a pour objet l'étude de telles prestations. C'est cette conclusion que contestent les logiciens antipsychologistes – et Bolzano, par anticipation, puisque Mill ne publiera A System of Logic que six après la parution de la Wissenschaftslehre. Selon lui, bien qu'il soit effectivement le cas que nos pratiques infé-rentielles, comme toute activité humaine, reposent sur des actes mentaux, ces actes mentaux ne sont pas eux-mêmes l'objet de la logique : l'objet de la logique est bien plutôt ce qui est pensé « en soi » ou « objectivement » dans ces actes mentaux [2].

La distinction entre la proposition en soi et l'énoncé fonde quant à elle l'argument qui permet d'affirmer à Bolzano, comme c'est le cas entre autres au début de l'extrait de la section § 147, que les propositions sont vraies ou fausses de manière « constante ». Cette thèse est centrale chez Bolzano, et ce pour au moins deux raisons. Premièrement, la méthode qu'utilise Bolzano pour définir les notions logiques comme l'analyticité repose sur le fait de pouvoir déterminer si une proposition dans laquelle on fait varier certaines composantes conserve sa vérité ou non – nous y reviendrons en détail dans ce qui suit. À cet égard, et c'est ce qui importe ici, si une proposition pouvait

---

1. L'influence de Bolzano sur Husserl est à cet égard indéniable. Cf. S. Lapointe, « Husserl sur le psychologisme, la logique et la théorie de la connaissance », dans Philosophies du savoir. Contributions à une histoire de la théorie de la connaissance, Paris-Québec, Vrin-PUL, à paraître.

2. Bolzano, Wissenschaftslehre, § 12.

être, tantôt vraie, tantôt fausse, selon les circonstances, la méthode substitutionnelle sur laquelle se fondent la définition des relations logiques deviendrait rapidement impraticable. Pour que la méthode substitutionnelle bolzanienne fonctionne il faut que le seul facteur susceptible de faire passer une proposition de la vérité à la fausseté soit effectivement la substitution d'une ou plusieurs composantes déterminées.

Deuxièmement, l'idée que la proposition objective qu'exprime un énoncé est vraie ou fausse d'une manière constante permet à Bolzano d'insister sur le fait que les énoncés, qu'ils soient écrits ou oraux, peuvent ne pas exprimer complètement leur sens. On pourrait penser, par exemple, que lorsque Pierre écrit sur un bout de papier les mots : « Il neige », son énoncé exprime la proposition [Il neige] – nous utiliserons dorénavant les crochets carrés pour désigner les propositions et les représentations bolzaniennes ; les guillemets désignent, comme c'est l'usage, les expressions linguistiques. Plus géné-ralement, on pourrait penser que pour saisir le sens de l'énoncé « Il neige » il est suffisant de savoir ce que veut dire le pronom « il » lorsqu'il est combiné avec le verbe « neige ». Or, ça n'est pas le cas. Si Pierre, au milieu de son voyage autour du monde, me téléphone à l'improviste et m'annonce avec enthousiasme : « Il neige », je prends pour acquis, parce que j'ai confiance en lui, que ce qu'il me dit est vrai. Or, ce que je suis censée comprendre – le sens de son énoncé –, même si cela reste en partie indéterminé tant que je n'ai pas accès à d'autres informa-tions de nature contextuelle, va bien au-delà de l'information que me fournissent les mots qu'il utilise. Si je lui demande ce qu'il veut dire, il peut, par exemple, me répondre : « Il neige ici ! », mais pour pouvoir comprendre pleinement ce qu'il veut dire il me faut encore des précisions : « Où es-tu ? », « Dans quelle ville lettone ? », etc. … En d'autres termes, l'énoncé « Il neige » est ambigu : ce qu'il veut dire, et donc sa vérité, dépendent du contexte. Il est vrai, par exemple, s'il est énoncé à Prague, dans le quartier Višerad le 18 décembre 2003 à 15:00 mais faux s'il est énoncé sur la Plazza de Kansas City le 7 août 2006 à 17:00. Bolzano dirait que l'énoncé « Il neige » exprime dans les deux cas une proposition différente. Il exprime en fait un nombre virtuellement infini de propositions tantôt vraies, tantôt fausses puisqu'il y a un nombre infini de contextes dans lesquels il peut être énoncé véridiquement ou faussement : [Il neige à Prague, dans le quartier Višerad le 18 décembre 2003 à 15:00], [Il neige sur la Plazza à Kansas City le 7 août 2006 à 17:00], mais encore : [Il neige sur la Plazza à Kansas City le 7 août 2006 à 17:01], [Il neige à Prague, dans le quartier de Višerad le 7 août 2006 à 17:00], [Il neige à Montréal, à l'intersection Ste-Catherine/St-Denis le 7 août 2006 à 17:02], etc. En stipulant que les propositions sont vraies ou fausses de manière constante, Bolzano nous force à désambiguïser les énoncés et, de cette manière, à identifier les conditions (les plus) exactes (possible) sous lesquelles ils peuvent être dits vrais. Pour Bolzano, bien que cela soit anachronique, dire d'un énoncé qu'il exprime complètement la proposition qui lui tient lieu de sens reviendrait donc à dire qu'il exprime complètement ses « conditions de vérité ».

La distinction qu'établit Bolzano entre la proposition et l'énoncé est la clé de sa conception de l'analyse. Chez Bolzano, identifier la proposition qu'exprime un énoncé, c'est précisément en faire l'analyse. Bolzano appelle « interprétation » (*Auslegung*) la procédure qui consiste à stipuler le sens et donc à en donner une définition [1]. Chez Bolzano, on analyse un terme ou une proposition lorsqu'on interprète les signes qu'il contient. En bref, pour Bolzano, tout énoncé du langage ordi-

---

1. *Ibid.*, § 285, p. 68.

naire, appelons-le «s», exprime (au moins) une proposition
[p]. Désignons par «p» l'énoncé qui exprime «complètement» [p]. Selon Bolzano, l'interprétation consiste à faire
ressortir le sens d'une énoncé s – à identifier la proposition [p]
qu'il exprime – en utilisant un autre énoncé p qui 1) est mieux
connu que s ou ressortit à un système symbolique entièrement
différent (et supposément aussi plus clair) et 2) est au moins
logiquement équivalent à s[1]. Tandis que s appartient au
langage ordinaire, p appartient à un «langage idéal» dans
lequel tous les énoncés expriment complètement leur sens.
Appelons ce langage L_B. Analyser un énoncé s, c'est-à-dire
l'interpréter consiste à trouver un énoncé p du langage L_B qui
rende vraie la proposition suivante :

(B) p exprime complètement s.

À ce titre, la conception bolzanienne de l'analyse implique
qu'on «paraphrase» les énoncés du langage ordinaire qui sont
souvent ambigus – syntaxiquement ou sémantiquement ou les
deux – ou vagues ou autrement dépendants du contexte en
utilisant des énoncés de L_B qui, dans la mesure où ils
expriment entièrement leur signification, eux, ne le sont pas.

Mais en quoi consiste une bonne paraphrase et à quoi
ressemblent les énoncés de L_B? La théorie bolzanienne de
l'analyse demeure en grande partie implicite et la réponse
qu'on trouve à cette question s'étale sur les quatre volumes
de la *Wissenschaftslehre* et au-delà. Néanmoins, il y a un
ensemble de règles qui déterminent, selon Bolzano, en quoi
consiste une analyse ou paraphrase adéquate. Une bonne partie
de ces règles sont présentées dans le contexte de sa critique
de la conception décompositionnelle de l'analyse et nous
exposerons d'abord cette dernière.

---

1. *Ibid.*, § 387, p. 543.

La critique bolzanienne de la conception
décompositionnelle

Selon Bolzano, pour déterminer ce en quoi consiste le contenu d'un concept, ceux de ses prédécesseurs qui adoptent la conception décompositionnelle de l'analyse supposent qu'aux propriétés des objets correspondent, dans les concepts, des composantes qui les représentent au sens où, pour ainsi dire, elles en sont des images[1]. Selon Bolzano, les tenants de la conception décompositionnelle acceptent implicitement la règle suivante (ou une règle semblable) :

(M) Si β_1 est une propriété (essentielle) de α, alors $[\beta_1]$ est contenu dans $[\alpha]$, c'est-à-dire que $[\alpha] = [\{\beta_1 \& \dots \& \beta_n\}]$.

C'est cette règle tacite qui, selon Bolzano, pousse les tenants de la conception décompositionnelle de l'analyse à affirmer, par exemple, que [étendue] est inclus dans [corps] : ils supposent que l'étendue est une propriété (essentielle) des corps physiques, d'une part, et supposent implicitement une règle similaire ou identique à (M) de l'autre. Selon Bolzano, (M) est toutefois le résultat d'une compréhension radicalement erronée du rapport entre concepts et objets. À cet égard, il fut apparemment le premier philosophe à tenter de montrer que la théorie du concept comme image est intenable. Sa stratégie consiste, en bref, à insister sur la distinction entre, d'une part, les propriétés d'un objet et, d'autre part, les composantes d'un concept. La distinction pourra paraître évidente aujourd'hui, mais Bolzano a raison de croire qu'il s'agit d'une distinction laquelle pratiquement aucun de ses prédécesseurs immédiats, sauf en l'occurrence peut-être Kant, n'avait su concevoir

---

1. Bolzano identifie différentes versions de cette idée qu'il discute en détail aux sections § 63 et 64 de la *Wissenschaftslehre*. Nous ne reprenons ici que les idées qu'il met de l'avant contre les théories du type de celle de Kant.

clairement[1]. Quoi qu'il en soit, une fois établie la distinction entre propriétés et composantes, Bolzano cherche à réfuter (M) en insistant (à juste titre) sur le fait qu'un objet α peut avoir la propriété (essentielle) β_1 même si $[\beta_1]$ n'est pas contenu dans $[\alpha]$:

> Il est connu que tous les triangles équilatéraux ont la propriété d'équiangularité ; mais on doit néanmoins admettre que ce concept d'équiangularité, pris en soi et pour soi, ne repose pas dans le concept d'un triangle équilatéral. Car ce concept est généré lorsque le concept de triangle est connecté avec la proposition « qui est équilatérale ». Mais il est évident que le concept de l'équiangularité ne se trouve ni dans la concept « triangle », ni dans la proposition « qui est équilatéral », et donc certainement pas dans le tout qui n'est composé de rien d'autre que de ces deux parties. [...] Sinon, on devrait dire qu'il est en soi impossible de connecter le concept « triangle » et la proposition « qui est équilatériale » sans y ajouter plusieurs autres parties et, parmi elles, certaines qui incluent le concept d'équiangularité. Mais cela serait fort erroné [...][2].

Kant serait d'accord avec Bolzano pour dire que le concept d'équiangularité n'est pas contenu dans celui d'un triangle équilatéral : c'est ce qui fait qu'une telle proposition géométrique est « synthétique » au sens de Kant. On aurait toutefois tort ici d'insister sur la similarité. L'intérêt du passage cité réside non seulement dans le fait qu'il clarifie la distinction – entre composantes et propriétés – sur laquelle repose implicitement, chez Kant, l'idée que certains jugements vrais ne sont pas analytiques. Ce que ce passage suggère encore, et ce

---

1. On consultera J. Laz, *Bolzano critique de Kant*, Paris, Vrin, 1993, p. 81 *sq.* pour une présentation de la critique bolzanienne de la confusion entre propriétés et composantes chez Kant.

2. Bolzano, *Wissenschaftslehre*, § 64.2d.

que nous voulons souligner, c'est le fait que Bolzano a une conception radicalement différente de celle de Kant et des autres tenants de la conception décompositionnelle de ce que cela veut dire pour un concept d'«être contenu» dans un concept plus complexe.

Bolzano fait un usage très contemporain des notions d'inclusion et de contenu. Chez Bolzano, un concept $[\beta_1]$ est inclus dans un autre concept $[\alpha]$ seulemnent si $[\alpha]$, pour le dire en des termes contemporains, est «bien formé», c'est-à-dire seulement s'il s'agit d'une formation syntaxique complexe qui résulte de la connexion de $[\beta_1]$ avec d'autres représentations $[\beta_2]$, … $[\beta_n]$ *d'après des règles déterminées*. Notons que chez Bolzano, les représentations sont contenues dans les propositions dans précisément le même sens. Bolzano conçoit donc les représentations complexes comme des *ensembles de composantes dotées d'une structure syntaxique propre*. À cet égard, on se doit d'insister sur le fait que bien que Bolzano répète à plusieurs endroits que les propositions ont toutes la forme [A a b], Bolzano est aussi d'avis que les représentations (non logiques) [A] et [b] qu'elles contiennent peuvent elles-mêmes être dotées d'une structure. Les propositions et les représentations bolzaniennes sont, pour le formuler encore une fois dans un vocabulaire contemporain, articulées sur la base d'un vocabulaire primitif en principe fini et de règles (récursives) déterminées. Ces règles bien qu'elles ne soient pas exposées de manière systématique et qu'elles restent souvent implicites sont néanmoins étonnamment nombreuses. La grammaire bolzanienne comprend, par exemple, les règles suivantes.

Dans une proposition de la forme «A a b», la représentaion-sujet désignée par «A» est typiquement attributive, c'est-à-dire de la forme «A qui a b» où «qui a» est un opérateur syntaxique qui sert à former un nom. Dans le passage cité, par exemple, même si cela reste implicite à cet endroit, Bolzano affirme que [équilatéral] est inclus dans le concept [triangle, qui est équilatéral] au sens où il est connecté avec les autres concepts qui en sont les éléments, à savoir : [triangle], [qui] et [est] en vertu de cette règle. Plus généralement, si la représentation-sujet que désigne « A » dans une proposition de la forme « A a b » est complexe, alors son analyse intermédiaire aura la forme : « C qui a d, a b », etc.[1].

L'utilisation de la majuscule dans la notation bolzanienne indique que la représentation en question est une représentation concrète et dénote un individu ou une collection d'individus ; la minuscule qu'il s'agit d'une représentation abstraite et dénote une propriété, une adhérence[2].

Bolzano fait aussi usage de compléteurs, ce qu'il nomme « déterminations » afin de spécifier les conditions de vérité des propositions. Parmi les déterminations les plus courantes, on retrouve les déterminations temporelles : si l'objet d'une proposition de la forme « A a b » est causal, alors, selon Bolzano, afin d'exclure une contradiction possible, elle doit inclure un compléteur temporel « à t » dans sa représentation-sujet et est donc de la forme « A, à t, a b »[3].

Il n'est pas nécessaire de fournir ici la liste exhaustive des règles qui déterminent la structure des propositions et des représentations bolzaniennes. Il s'agit plutôt de souligner que Bolzano suppose de telles règles et que cette supposition, à elle seule, marque un contraste important avec les théories de ses prédécesseurs. En particulier, dans la théorie bolzanienne, les propositions peuvent être et sont en fait typiquement dotées d'une articulation syntaxique intrapropositionnelle qui va au-delà de la simple prédication.

---

1. *Cf.* Bolzano, *Wissenschaftslehre*, § 57-59.
2. *Ibid.*, § 60.
3. *Ibid.*, § 79.

a priori (« Alexandre » et « Macédoine » sont de noms propres et à ce titre désignent des concepts empiriques et donc *a posteriori*). Notons toutefois que le fait que Bolzano croit que la définition kantienne n'exclut pas systématiquement les propositions qui ne sont pas *a priori* n'est pas la raison pour laquelle il la rejette – nous verrons bientôt pourquoi. Avec cet exemple, Bolzano veut insister sur le fait que la définition kantienne de l'analyticité ne peut être appliquée aux constructions grammaticales qui, comme c'est le cas avec (B1), reposent sur des ressources syntaxiques plus sophistiquées ou en fait simplement différentes de celles que Kant a à sa disposition. Or, il semble qu'une bonne définition de l'analyticité doit pouvoir nous permettre de déterminer si une proposition est analytique non seulement dans le cas des propositions de la forme sujet-prédicat, mais pour toute proposition, quelle que soit sa forme. Cela inclut non seulement les propositions hypothétiques, disjonctives, existentielles, etc. mais aussi, par exemple, les propositions comme (B1) qui présentent une complexité syntaxique propre. Plus généralement, on s'entend pour dire qu'une bonne définition de l'analyticité doit ne pas présupposer telle ou telle syntaxe : elle doit valoir pour toutes. On considère en effet que la notion d'analyticité n'est pas une notion syntaxique mais une notion sémantique : elle concerne la *vérité* des propositions et non leur forme ou structure logique. L'une des vertus de la définition bolzanienne est d'être la première à se fonder sur un critère nettement sémantique.

La définition bolzanienne de l'analyticité repose sur une procédure substitutionnelle. La procédure substitutionnelle bolzanienne consiste à faire varier arbitrairement certaines composantes déterminées dans une proposition. Si on suit ce que Bolzano écrit dans l'extrait de la section § 147, cette procédure a d'abord pour but de générer ce que Bolzano appelle des « espèces » ou « classes » de propositions. Si, reprenant l'exemple de Bolzano, on fait varier [Caius] arbitrairement dans :

(B2) [L'homme *Caius* est mortel]

c'est-à-dire si on remplace cette représentation par d'autres, quelles qu'elles soient, par exemple [Titus], [Sempronius], [triangle], etc… on obtient des « variantes » de (B2) eu égard à [Caius], en l'occurence :

(B2') [L'homme *Titus* est mortel]
(B2") [L'homme *Sempronius* est mortel]
(B2''') [L'homme *triangle* est mortel]
etc. …

Toutes les variantes de (B2) eu égard à [Caius] appartiennent à la même « classe » propositionnelle. Si on voulait adopter une terminologie plus contemporaine, on pourrait dire qu'elles sont toutes des instances de la même forme propositionnelle [1] qu'on peut, suivant Bolzano, désigner par :

(B2*) « L'homme X est mortel »

ou ce qui, selon Bolzano, reviendrait au même :

(B2**) « X, qui a l'humanité, a la mortalité »

où « X » marque la place de substitution. La procédure substitutionnelle peut aussi être appliquée, simultanément, à toutes les composantes non logiques dans une proposition. Dans de tels cas, ce qu'on obtient est l'équivalent bolzanien de ce qu'on appelle aujourd'hui la « forme logique » d'une proposition. La forme logique de (B2) est, si on suit Bolzano :

(B2***) « X, qui a a, a b ».

---

1. On se réfèrera à la section de la première partie du présent ouvrage intitulée « L'analyse de la forme d'une proposition et la notion de vérité logique » pour une définition de la notion de forme d'une proposition. *Cf.* Bolzano, *Wissenschaftslehre*, § 81, p. 391 note.

Bien entendu, dans la mesure où les propositions bolzaniennes sont des entités supposément abstraites et acausales, elles ne peuvent pas être « générées » et on ne peut leur faire subir aucune « modification ». Pour Bolzano, ce sont là d'ailleurs des manières de parler. Comme Bolzano l'explique à la section § 147, faire varier une ou des composantes dans une proposition c'est en fait considérer – successivement ou simultanément, Bolzano n'est pas clair la dessus – les propositions qui diffèrent de la première seulement eu égard à ces composantes déterminées. Selon lui la tâche du logicien réside au moins en partie dans l'identification des propriétés qui reviennent aux propositions en vertu de leur forme et qui sont donc obtenues par la méthode substitutionnelle. La logique, explique-t-il dès les premiers paragraphes de la *Wissenschaftslehre*, a pour objet l'identification des propriétés remarquables des formes propositionnelles et logiques et, selon Bolzano, l'analyticité est l'une de ces propriétés [1].

La définition bolzanienne de l'analyticité

Selon Bolzano :

> (A_B) Une proposition S est analytiquement vraie/fausse à l'égard de i, j, … si et seulement si :
>
> > (i) S contient au moins une représentation arbitrairement échangeable i, j, …
> > (ii) Toutes les variantes objectuelles de S à l'égard de i, j, … sont aussi vraies/fausses.

Notons d'entrée de jeu trois conséquences importantes de cette définition. Premièrement, pour Bolzano, une proposition peut être aussi bien analytiquement vraie, qu'analytiquement fausse. Lorsque Bolzano affirme que la proposition :

---

1. *Cf.* Bolzano, *Wissenschaftslehre*, § 12, p. 48.

(B3) [Un *homme* dépravé ne mérite pas le respect]

est analytiquement vraie à l'égard de [homme], il entend, d'une part, que la substitution arbitraire de [homme] dans (B3) génère une classe de propositions qui, si elles sont objectuelles, sont aussi vraies. Il entend, d'autre part, que la classe des variantes objectuelles de (B3) qui seraient aussi fausses est vide. La proposition :

(B4) [Un *homme* dépravé mérite le bonheur perpétuel]

est, par contre, analytiquement fausse à l'égard de la représentation [homme] puisque l'ensemble des variantes vraies de (B4) eu égard à [homme] est vide.

Deuxièmement, l'analyticité est toujours relative à certaines composantes $i, j, \ldots$ des propositions. Il n'y a donc pas une telle chose qu'une proposition qui serait analytique « tout court ». La proposition :

(B5) [Cette agrafeuse est soit noire, soit non-noire]

est analytiquement vraie au sens de Bolzano eu égard aux représentations [agrafeuse] et [noire]. Pour lui, la proposition :

(B6) [Dieu est omniscient]

n'est pas analytique – elle est synthétique – précisément parce qu'elle ne contient aucune composante qui puisse être arbitrairement variée avec le résultat qu'elle reste vraie – Bolzano semble ici supposer que [Dieu] est simple, ce qui n'est pas parfaitement consistent avec ce qu'il dit ailleurs, mais nous ne nous arrêterons pas sur cette question[1]. Le fait que l'analyticité, tel que Bolzano l'implique dans la condition (i) de (A_B), soit relative à certaines composantes signifie que l'analyticité est toujours la propriété d'une classe déterminée de variantes

---

1. *Ibid.*, § 69.1.

d'une proposition. Cependant, (i) ne restreint nullement l'analyticité à une forme propositionnelle ou logique particulière.

Troisièmement, la condition (ii) stipule que seules les variantes « objectuelles » de la proposition doivent être prises en compte. Selon Bolzano, une proposition est objectuelle seulement si sa représentation-sujet est objectuelle, c'est-à-dire seulement si sa représentation-sujet représente ou dénote effectivement quelque chose[1]. (B3), par exemple, est objectuelle parce que sa représentation-sujet, [homme dépravé] n'est pas vide. Cette restriction – appelons-la « contrainte d'objectualité » – est indispensable à la définition bolzanienne. Sans la contrainte d'objectualité, la définition bolzanienne de l'analyticité serait en effet inopérante puisqu'on pourrait à chaque fois facilement générer des variantes fausses d'une proposition vraie. Par exemple, sans la contrainte d'objectualité, (B3) ne serait pas analytiquement vraie au sens de Bolzano. Sans la contrainte d'objectualité, si la substitution est véritablement arbitraire, on peut facilement générer des variantes de (B3), comme par exemple :

(B3') [Un *triangle* dépravé ne mérite pas le respect]

qui sont fausses. (B3') ne satisfait pas les conditions de vérité que Bolzano identifie à la section § 196 de la *Théorie de la science*, à savoir :

(V_B) Une proposition [A a b] est vraie si et seulement si :
(i) La représentation-sujet [A] est objectuelle
(ii) La représentation-prédicat [b] est objectuelle
(iii) L'objet que représente [A] a la propriété que [b] représente.

1. *Ibid.*, § 130.

En particulier, (B3') ne satisfait pas la première condition puisque que la représentation-sujet [triangle dépravé] n'a pas d'objet – nous laisserons ici la question de savoir si l'absence de référence est due à une possible «erreur de catégorie» ou «impossibilité matérielle». La contrainte d'objectualité correspond à la condition (i) de (V_B). Elle fait en sorte que les propositions qui, comme (B3'), sont fausses précisément parce qu'elles ne sont pas objectuelles ne sont pas prises en compte [1].

La notion bolzanienne d'analyticité offre-t-elle vraiment une théorie de l'analyticité ?

La notion bolzanienne d'analyticité, si on la compare à celle de Kant, présente l'avantage indéniable d'offrir un critère clair et indéniablement sémantique. Il y a néanmoins un problème. Comme nous l'avons vu dans la première partie du livre, on s'attend d'une bonne définition de l'analyticité qu'elle explique ce qui fait la particularité de certains types de connaissances qui présentent le trait remarquable d'être vraies, nécessairement et *a priori, en vertu de la seule signification des termes*. Les propositions analytiquement vraies (ou fausses) au sens de Bolzano ne sont toutefois pas toutes vraies (ou fausses) en vertu de la seule signification des termes et, si on se fie à ce que Bolzano semble affirmer à quelques endroits, elles ne peuvent pas non plus toutes être connues *a priori*. Les vérités analytiques au sens de Bolzano sont toujours vraies en vertu de ce qui est le cas, de telles sortes qu'elles ne décrivent

---

1. Pour une discussion plus détaillée du rôle de la contrainte d'objectualité on peut consulter E. Morscher, «La définition bolzanienne de l'analyticité logique», *Philosophiques*, 30/1, 2003, p. 149-170 et, pour une position alternative, S. Lapointe, «Analyticité, universalité et quantification chez Bolzano», *Les Études Philosophiques*, 2000/4, p. 455-470.

pas des états de choses nécessaires. Si, par exemple, il est vrai que chacun des 14 enfants de M. et Mme Dion ont appris leur première chanson avant l'âge de sept ans, alors :

(B7) [Le *premier* enfant de M. et Mme Dion a appris sa première chanson avant l'âge de sept ans]

est analytiquement vraie au sens de Bolzano eu égard à [premier] puisque, suivant (A_B), toutes les variantes objectuelles de (B7) eu égard à cette représentation sont aussi vraies. Pour ceux qui sont familiers avec la culture populaire québécoise, la bonne nouvelle c'est que, en dépit du fait que (B7) est analytiquement vraie au sens de Bolzano, il y a des mondes possibles dans lesquels Claudette, la sœur ainée de Céline, ne chante pas. La définition bolzanienne ne permet toutefois pas de rendre compte des traits épistémologiques et modaux qu'on associe généralement à l'analyticité, à savoir le fait qu'elles sont connues *a priori* et décrivent des états de choses nécessaires. (B7) est analytique au sens de Bolzano, mais elle ne peut être connue *a priori* : il faut, en plus de connaître la signification des termes savoir si, oui ou non, les variantes de (B7) sont vraies et cela requiert certaines connaissances relatives au monde, comme celle de savoir si la représentation [deuxième enfant d'Adhémar Dion et Thérèse Tanguay] est objectuelle et, le cas échéant si l'objet de cette représentation a la propriété que lui attribue la variante pertinente de (B7). Par ailleurs, ni (B7), ni aucune de ses variantes ne décrit un fait qui est nécessaire. De l'avis général, ce défaut est considérable et on pourra difficilement persuader quiconque est habitué aux définitions traditionnelles de l'analyticité que la définition bolzanienne présente un intérêt autre que celui d'être une ingénieuse curiosité historique – ce que nous tenterons néanmoins de faire dans la conclusion.

Quoi qu'il en soit, on doit encore examiner la définition que donne Bolzano, dans la même section § 148, de l'« analyticité logique ». Bolzano nous demande de considérer quatre exemples de propositions analytiques qui présentent, selon lui, un intérêt particulier :

(B8) [A est A]
(B9) [A, qui est B, est A]
(B10) [A, qui est B, est B]
(B11) [Tout objet est B ou non B].

Bolzano explique la différence entre les propositions logiquement analytiques (B8)-(B11) et les propositions analytiques (au sens large) comme (B3) en relevant, dans le troisième alinéa de § 148, deux points. Premièrement, il note que dans les propositions (B8)-(B11) tous les concepts non logiques sont considérés comme variables, c'est-à-dire que seuls les concepts logiques s'y trouvent « essentiellement ». Deuxièmement, il affirme qu'on peut connaître que (B8)-(B11) sont vraies en vertu de seules connaissances logiques [1]. Il précise que cela n'est toutefois pas le cas pour des propositions analytiques au sens large comme (B3) qui requiert aussi des connaissances non logiques.

Le premier point souligne un trait important de la définition de l'analyticité logique au sens de Bolzano, ce qu'on peut reformuler de la manière suivante :

(LA$_B$) une proposition S est logiquement analytiquement vraie (ou fausse) à l'égard de i, j, … si et seulement si :

(i) Toutes les représentations non-logiques i, j, … contenues en S sont considérées arbitrairement échangeables

---

1. Bolzano, affirme en fait qu'on peut reconnaître tant l'analyticité que la vérité de (B8)-(B11) en vertu de connaissances purement logiques. Je ne discuterai pas le premier point.

(ii) Toutes les variantes objectuelles de S a l'égard de i, j, … sont aussi vraies/fausses.

Comme on peut le constater, (LA$_B$) est le résultat d'une restriction de la première condition de (A$_B$) : l'analyticité logique est restreinte aux propositions analytiques à l'égard de toutes leurs composantes non logiques. Si on suit ce que dit Bolzano au même endroit, le premier point est ce qui explique le second : le fait que, dans une proposition logiquement analytique, seuls les concepts logiques restent invariables explique qu'on peut connaître leur vérité (ou fausseté) sur la base de connaissances purement logiques. Cette observation est fort intéressante. Dire d'un énoncé que seules ses composantes non logiques s'y trouvent essentiellement c'est précisément dire qu'il s'agit d'une vérité logique au sens contemporain. Dire, par surcroît, que ce trait – le fait de rester vrai pour toute interprétation des termes non logiques – implique qu'on peut connaître ces vérités sur la base de connaissances purement logiques, semble par surcroît impliquer que les vérités logiquement analytiques au sens de Bolzano peuvent être connues *a priori*[1]. Si c'est bien ce que Bolzano suppose, (LA$_B$) semblerait donc ne pas souffrir des mêmes lacunes épistémologiques et modales que (A$_B$) et constituerait dans tous les cas une notion au moins aussi acceptable que celle qu'on attribue habituellement à Quine. Certes, en tant que telle (LA$_B$) anticipe toutefois un autre problème – qu'on associe pour sa part à Tarski – notamment celui de déterminer en quoi consiste une

1. En effet, chez Bolzano, une connaissance logique est aussi toujours *a priori*. Une connaissance est *a priori*, au sens de Bolzano, seulement si elle est purement conceptuelle – si elle ne contient aucune intuition – ce qui est précisément le cas pour nos connaissances logiques. *Cf.* Bolzano. *Wissenschaftslehre*, § 133.

composante purement logique [1]. Bolzano ne donne nulle-part une définition ou une liste de telles composantes et, dans le même alinéa, il affirme en fait qu'il n'est sans doute pas possible de délimiter le domaine des concepts purement logiques de manière exclusive ou exhaustive. Sans un critère de démarcation entre composantes logiques et non logiques une définition qui repose sur cette démarcation est problématique. On peut toutefois mettre ici ce problème entre parenthèse puisque, à cet égard, la définition contemporaine de la vérité logique ne présente aucun avantage.

Il y a toutefois au moins un autre problème, celui-là plus important. La théorie bolzanienne ne semble pas pouvoir respecter nos intuitions concernant certains énoncés du français – mais la même chose vaut pour virtuellement toutes les autres langues naturelles – qui font figure de paradigme eu égard à l'analyticité. Par exemple, un énoncé éminemment analytique comme :

(B12) « Aucun célibataire n'est marié »

semble, du moins à première vue, ne satisfaire ni (A_B) ni, par conséquent, (LA_B). (B12) ne contient aucune composante « inessentiellement » et ne semble donc pas pouvoir être dite analytique au sens de Bolzano. Cependant, on s'accorde pour dire que quiconque prétend avoir une théorie de l'analyticité devrait au moins pouvoir rendre compte de l'analyticité d'un énoncé comme (B12) – ou alors expliquer pourquoi le fameux exemple de Quine est en fait synthétique, ou n'est ni l'un ni l'autre.

Bolzano définit l'analyticité pour les propositions en soi et non pas, comme c'est le cas chez Quine, pour les énoncés. La

1. A. Tarski, « What are Logical Notions ? », J. Corcoran (ed.), *History and Philosophy of Logic* 7, 1986, p. 143-154.

différence n'est pas insignifiante : Bolzano prend pour acquis que la question de déterminer si un énoncé est analytique présuppose leur analyse, c'est-à-dire leur paraphrase dans L_B. L'analyticité ne revient, pour le formuler autrement, qu'à des énoncés qui expriment complètement la proposition en soi qui leur correspond. Si on tient compte de cette différence, on peut tenter de venir à la rescousse de Bolzano en signalant d'abord que, dans la théorie bolzanienne, aucun énoncé de la forme de (B12) ni, plus généralement, aucun énoncé universel de la forme « Tous les A sont B » ne peuvent jamais satisfaire (A_B). En fait, bien que les énoncés du français puissent se présenter sous cette forme, aucune des propositions qu'ils expriment, quant à elles, ne le peuvent, et ce pour la raison suivante. Bolzano rejette la conception aristotélicienne traditionnelle de la quantification universelle et explique que les termes « tous » et « chaque » par exemple sont, dans un énoncé, superflus : aucune représentation en soi ne leur correspond. Bolzano raisonne que dans la mesure où la représentation-sujet dans une proposition doit toujours être pris dans son extension la plus large, les énoncés « Tous les A sont B » et « A est B » expriment en fait la même proposition, à savoir [A a b] ce que Bolzano conçoit comme équivalent à [A est B][1]. Or une vérité de cette forme ne peut être analytique au sens de Bolzano puisque [A est B] a manifestement des variantes objectuelles vraies, comme par exemple [les neurologistes sont médecins] tout aussi bien que des variantes objectuelles fausses [les philosophes sont de mauvais conducteurs]. Bolzano suppose néanmoins, comme nous l'avons vu, que la représentation-sujet [A] est en fait typiquement complexe, de telle sorte que la proposition exprimée est typiquement de la forme [quelque

1. *Cf.* Bolzano, *Wissenschaftslehre*, § 69.

chose qui a a, a b]. Or s'il est le cas que tous les A sont B, alors toutes les propositions bolzaniennes de la forme [quelque chose, qui est A, est B] sont analytiques à l'égard de [quelque chose]. La proposition, par exemple :

(B13) [Jean, qui est célibataire est non marié]

est analytiquement vraie au sens de Bolzano à l'égard de [Jean], ou, ce qui revient au même toutes les instances objectuelles de [X, qui est célibataire est non marié] sont aussi vraies. Il semble donc qu'on puisse trouver un équivalent bolzanien analytique au sens de (A_B) pour toute proposition universelle affirmative analytique au sens (large) de Quine.

Malheureusement, cela laisse intact l'autre problème beaucoup plus sérieux que nous avons identifié plus haut : le fait de pouvoir trouver un équivalent analytique au sens (A_B) aux propositions analytiques au sens de Quine n'est pas suffisant, puisque (A_B) ne permet pas d'exclure les propositions qui n'énoncent que des faits empiriques généraux et ne constitue donc pas une notion acceptable d'analyticité. Or, si on suit ce que dit Bolzano sans la première note de la section § 148 (B12) n'exprimerait pas simplement la proposition analytique au sens large (B13). Mais la proposition logiquement analytique :

(B14) Aucun homme adulte non marié n'est marié.

C'est en interprétant (au sens technique d'une *Auslegung* que nous avons discuté plus haut) un énoncé qu'on parvient à la proposition qu'il exprime et, comme Bolzano l'écrit dans la quatrième note de la section § 148, l'interprétation requiert plus « qu'une inspection furtive » de l'énoncé, car « une proposition peut être [...] logiquement analytique sans que son expression verbale ne le montre immédiatement ». Nous parlerons, dans de tels cas, d'énoncés quasi-logiquement analytiques (le terme n'est pas de Bolzano). Ce qui est pertinent ici est le fait que toutes les propositions analytiques au sens large de Quine, c'est-à-dire toutes les propositions analytiques qui ne sont pas des vérités logiques, peuvent être ramenés à des propositions quasi-logiquement analytiques au sens de Bolzano. Tout le poids de la théorie bolzanienne de l'analyticité reposerait donc dans sa notion d'analyticité logique.

Au demeurant, du moins au premier coup d'œil, la définition bolzanienne de l'analyticité logique semblerait même offrir un avantage considérable sur la définition quinienne. Comme nous l'avons vu dans la première partie du livre, Quine définit une notion plus étroite et une notion plus large d'analyticité : une vérité est analytique si et seulement s'il s'agit d'une vérité logique (notion étroite) ou si elle peut être transformée en une vérité logique par substitution de synonymes (notion large). Ce que la comparaison montre c'est que lorsqu'il s'agit de définir le rapport entre la notion large et la notion étroite, Bolzano et Quine procèdent différemment. Tandis que Quine tente d'établir sa notion large sur la base de sa notion étroite en faisant entrer en jeu la notion de synonymie, Bolzano caractérise l'analyticité logique comme un cas spécial de l'analyticité au sens large. Chez Bolzano, une proposition analytique au sens large contient (au moins) une composante non-logique qui s'y trouve de manière inessentielle tandis que dans une proposition logiquement analytique, toutes les composantes non-logiques s'y trouvent de manière inessentielle. À cet égard, l'avantage de la théorie bolzanienne consisterait en ceci qu'il définit sa notion étroite et sa notion large en faisant appel dans les deux cas aux mêmes deux expédients, à savoir la notion de vérité et la procédure substitutionnelle. À ce titre, il semble donc aussi éviter entièrement la difficulté dans laquelle, comme nous l'avons vu, tombe Quine en introduisant, pour définir l'analyticité au sens large, la notion de synonymie[1].

Malheureusement, l'avantage n'est qu'apparent. L'hypothèse de laquelle nous sommes partis est que les propositions analytiques au sens de Quine comme (B12) sont des vérités quasi-logiquement analytiques au sens de Bolzano. Bolzano donne d'autres exemples :

(B15) « Tout effet a une cause »
(B16) « Si A est plus grand que B, alors B est plus grand que A »
(B17) « Si P = M • m, alors M = P/m »

Bolzano explique que la raison pour laquelle on doit considérer la proposition qu'exprime (B15) comme logiquement analytique est que 1) « effet » ne signifie rien d'autre que « ce qui est causé par autre chose » et que 2) « avoir une cause » signifie la même chose que « être causé par autre chose » de telle sorte que 3) l'analyse bolzanienne de l'énoncé (B15) donne :

(B15*) « Ce qui est causé par autre chose est causé par autre chose ».

Si on suit le raisonnement de Bolzano, on devrait donc dire que la raison pour laquelle (B12) est quasi-logiquement analytique est que « célibataire » veut dire la même chose que « homme adulte non marié », de telle sorte que (B12) a le même sens que :

(B12') « Aucun homme adulte non marié n'est marié ».

Dire d'un énoncé qu'il est quasi-logiquement analytique au sens de Bolzano c'est donc – malheureusement – dire qu'on peut le transformer en un énoncé analytique si on substitue

1. Quine, « Deux dogmes … », *op. cit.*, p. 51-64. Je suis redevable à Bob Hale pour une discussion fort stimulante sur cet aspect de la théorie de Bolzano.

certaines des expressions qu'il contient par des expressions de même signification. Jan Sebestik écrit à ce sujet :

> Bien que le problème de la synonymie ne soit traité que sur quelques exemples, et que Bolzano ne formule aucun critère effectif (même aujourd'hui la question est loin d'être résolue), ses concepts et sa classification, aussi bien que le choix très judicieux de la méthode de remplacement par des synonymes, sont autant de résultats et d'acquisitions retrouvés et intégrés dans la logique contemporaine. Quine, lui aussi, définit deux classes d'énoncés analytiques : les vérités logiqes et les énoncés « qui peuvent être transformés en vérités logiques par remplacements des synonymes ». C'est exactement la définition de l'analyticité logique et la méthode de Bolzano [1].

Les nouvelles sont donc plutôt mauvaises : en anticipant si nettement la définition de la vérité logique, Bolzano prête le flanc aux mêmes objections et aux mêmes difficultés.

Mais il y a pire. Comme nous l'avons vu, Bolzano suggère que la vérité d'une proposition logiquement analytique peut être connue en vertu de connaissances purement logiques. On prend en général pour acquis que les connaissances logiques sont aussi *a priori*, de telle sorte que Bolzano semblerait ici adhérer à la position selon laquelle les propositions analytiques peuvent être connues *a priori*. Cependant, Bolzano nie explicitement que toutes les propositions analytiques peuvent être connues *a priori*. À la section § 197, il écrit, dans une terminologie qui diffère quelque peu de la terminologie contemporaine :

> Quiconque concède tout ce qui précède admettra facilement qu'il y a non seulement des propositions analytiques mais aussi

---

1. J. Sebestik, *Logique et Mathématique chez Bernard Bolzano*, Paris, Vrin, 1992, p. 220-221.

des propositions synthétiques dans les deux classes de proposition, dans la classe des intuitives [c'est-à-dire les *a posteriori*] aussi bien que dans la classe des propositions purement conceptuelles [c'est-à-dire des propositions *a priori*][1].

Bolzano donne en exemple la proposition :

(B17) [Ce triangle est une figure]

qui est analytique au sens large à l'égard de [Ce]. Mais il serait forcé de dire la même chose de :

(B18) [Ce triangle est un triangle]

qui, quant à lui, est logiquement analytique, en son sens. La raison qu'il évoque est la suivante : pour pouvoir savoir si (B17) est vrai, il faut aussi savoir si [Ce triangle] est objectuelle – on se rappellera la première condition des conditions de vérité (V_B) – et il faut donc savoir si l'objet que représente [ce] est bel et bien un triangle. Or, il est clair que cela n'est possible qu'en considérant le contexte de référence et donc en faisant entrer en ligne de compte des considérations d'ordre observationnel et donc empirique. Plus généralement, la même chose vaut, selon Bolzano, pour tout énoncé contenant une expression indexicale comme « ce », « ici », « elle » ou un nom propre ou quel que terme que ce soit qui implique une relation de référence directe (démonstrative) à un objet. Bolzano nomme « intuition » les représentations (simples et singulières) qu'expriment ces termes[2]. Une proposition qui contient une intuition est une « proposition intuitive » et, comme il l'explique à la section § 133 de la *Théorie de la science*, il considère que sa distinction entre propositions

---

1. *Cf.* Bolzano, *Wissenschaftslehre*, § 197.3, p. 337.
2. Pour une discussion détaillée de la conception bolzanienne de l'intuition, voir R. George, « Intuitions », *Philosophiques*, 30/1, 2003, p. 19-46.

intuitives et conceptuelles correspond à la distinction entre proposition *a posteriori* et *a priori*.

En niant que les propositions analytiques sont *a priori*, Bolzano est vulnérable aux accusations philosophiques les moins charitables. L'intérêt de la notion d'analyticité réside précisément dans le fait qu'elle vise à donner un critère objectif sur la base duquel on peut rendre compte du fait que nous avons des connaissances dont la justification est entièrement indépendante de l'expérience. Or c'est précisément ce que Bolzano semble ici vouloir nier et, à ce titre, il semble que bien qu'il dise de certaines propositions qu'elles sont « analytiques », Bolzano n'a pas compris l'idée qui sous-tend la théorie kantienne et qui est au cœur des tentatives définitionnelles contemporaines. Bolzano considère-t-il que l'idée que nous pouvons connaître la vérité d'une proposition sur la seule base des termes qu'elle contient ne présente aucun intérêt philosophique ? Même Quine, il semble, ne va pas si loin. Sa critique de l'analyticité vise à montrer qu'il n'est pas possible de délimiter le domaine des propositions analytiques de manière stricte, pas que l'idée qu'on peut connaître certaines vérités en vertu de la seule signification des termes est incongrue. Comme nous l'avons vu, il serait d'accord pour dire qu'on doit accorder ce statut au moins aux définitions stipulatives. Bolzano ne semble pas avoir compris le problème auquel une théorie de l'analyticité est censée apporter une solution. Mais Bolzano n'est pas non plus sans excuse et nous conclurons d'une manière quelque peu apologétique en tentant d'expliquer en quoi consiste son erreur et en quoi consiste son mérite considérable.

Nous avons vu que Bolzano rejette la conception traditionnelle de ce en quoi consiste la quantification universelle. Selon lui, en effet, les termes quantificationnels comme « tous » et « chacun » sont superflus. Comment alors marquer les différences quantificationnelles, par exemple, la différence entre :

(B17) « Certains hommes sont grands »

et :

(B18) « Tous les hommes ont un cœur à leur naissance ».

La réponse se trouve au moins en partie dans la définition que donne Bolzano de la validité universelle (*allgemeine Gültigkeit*) à la section § 147 (l'extrait cité n'inclut pas les passages pertinents) : dire que tous les hommes ont un cœur à leur naissance revient à dire que :

(B19) [quelque chose qui est un homme, a un cœur à sa naissance]

est « universellement valide » eu égard à [quelque chose]. Sur l'arrière-fond de la critique bolzanienne de la conception traditionnelle de la quantification universelle, la notion de validité universelle bolzanienne apparaît for naturellement comme une explication alternative de ce en quoi consiste la généralité. Cependant, on aura tôt fait de constater que telle que la conçoit Bolzano l'analyticité est, soit identique, soit un cas spécial de la validité universelle : être universellement valide c'est être vraie pour toute interprétation objectuelle de certaines composantes inessentielles fixes et, selon cette défi-nition, toutes les propositions universellement valides sont aussi analytiques au sens de Bolzano. Elles sont vraies pour toute interprétation objectuelle d'au moins un composantes inessentielle déterminée. On se demandera peut-être comment Bolzano a pu confondre deux problèmes aussi distincts ? On aurait tort de croire que le problème que posait la quantifica-tion universelle (et la quantification en général), avant l'inven-tion par Frege du calcul des prédicats, n'était pas au moins aussi considérable que le problème que posait la question de l'analyticité : il est, dans tous les cas, pour toute théorie logique absolument fondamental, et pour Bolzano, en particulier. La preuve, c'est que la théorie bolzanienne de la validité universelle (de même que – malheureusement – sa théorie de l'analyticité) nous livre en fait le premier traitement explicite de l'universalité en termes de quantification sur des variables[1]. Par ailleurs, le fait que Bolzano n'ait pas bien su bien distinguer entre la question de l'analyticité et celle de la généralité ne signifie pas non plus qu'il nie qu'on puisse connaître certaines vérités sur la base de la seule signification des termes qu'elles contiennent. Au contraire, Bolzano affirme à plusieurs endroits qu'il y a de telles connaissances et qu'elles sont absolument centrales en mathématique et dans les autres sciences *a priori*. L'explication qu'il en donne est liée à une étude minutieuse de la nature des théories déductives qui anticipe de plusieurs manières les développements des théories du fondement des mathématiques et de la logique au tournant du XXᵉ siècle. Il s'agit là encore d'un chapitre négligé de l'histoire de la philosophie analytique qui devra faire l'objet d'un autre travail[2].

1. C'est la thèse défendue par S. Lapointe, « Analyticité, universalité et quantification chez Bolzano », art. cit. Dans la version anglophone modifiée de son livre (*Question of Form*, Minneapolis, University of Minnesota Press, 1989) J. Proust propose une thèse similaire.
2. *Cf.* S. Lapointe, « Bolzano, *a priori* Knowledge and the Classical Model of Science », *Synthese*, à paraître.

TABLE DES MATIÈRES

Imprimerie de la Manutention à Mayenne – Avril 2008 – N° 117-08
Dépôt légal : 2ᵉ trimestre 2008

Imprimé en France